Die Liebe Gottes
ist nicht
das Evangelium

Alexander Basnar

Wien 2017

Bibliografische Information der Deutschen Nationalbibliothek:
Die Deutsche Nationalbibliothek verzeichnet diese Publikation in
der Deutschen Nationalbibliografie; detaillierte bibliografische Daten
sind im Internet über www.dnb.de abrufbar.

© Alexander Basnar, Wien 2017

Herstellung und Verlag:
BoD – Books on Demand, Norderstedt
ISBN: 978-3-7431-5168-0

Kontakt: alex.basnar@telering.at;
https://hausgemeinde.wordpress.com

Inhalt

Gott ist (nicht nur) Liebe 6

Gottes Liebe ist nicht bedingungslos. 8

Gottes Gnade in der Botschaft des Herrn Jesus 10

Gottes Liebe in der Botschaft des Herrn Jesus 12

Das Evangelium ist das Königreich Gottes – Gnade und Liebe sind diesem untergeordnet 16

Evangelium ist mehr als eine „Gute Nachricht" 19

Erlösung ist weit mehr als „Sündenvergebung" 23

Jesus ist mehr als das Opferlamm 26

Die Gemeinde ist mehr als die Summe derer, denen vergeben wurde 31

Die christliche Freiheit ist etwas anderes als Autonomie 33

Das Volk Gottes ist nicht länger von der Welt 36

Das Evangelium ist Gottes Ultimatum an diese Welt 40

Warum hören wir das nicht so? 44

Der Alte Bund endet mit Johannes, dem Täufer 45

Das Königreich in der Apostelgeschichte 48

Das Königreich in den Briefen 49

Der missverstandene Paulus 52

Der Kanon im Kanon 54
Ein gnostisches Glaubensverständnis 58
Zwei Evangelien? 63
Gnade und Werke bei Paulus 70
Wir werden nach unseren Werken gerichtet werden
.... 80

Die vorliegende Schrift soll ein kleines Aha-Erlebnis bewirken. Mein Eindruck ist, dass wir in der Regel von den Briefen her die Evangelien lesen und deshalb automatisch voraussetzen, dass die Evangelien voll von der Gnade und der Liebe Gottes seien. Die Überraschung ist daher groß, wenn man erstaunt feststellt, dass gemäß der vier Evangelien der Herr Jesus Christus das Wort Gnade *nie* gebrauchte, um das Wesen des Evangeliums zu erklären. Ähnliches gilt für die Liebe Gottes, von der Er *fast nie* redete.

Gott ist (nicht nur) Liebe

Als fundamentale Eigenschaft Gottes gilt die Liebe. Viele sehen die Aussage in 1.Joh 4,8 – „Gott ist Liebe" – als die wichtigste Aussage über Gott. In unserem Sprachgebrauch ist daher oft vom „lieben Gott" die Rede. Diese Liebe will einerseits richtig verstanden werden, andererseits ist Liebe nicht die einzige Eigenschaft Gottes, sodass nicht alles, was Er sagt und tut aus Seiner Liebe heraus zu begründen ist. Die Sodomiten haben an jenem Tag als Feuer und Schwefel vom Himmel fiel und sie vernichtete, Gott gewiss nicht als „liebenden Gott" empfunden. Man kann zwar sagen, dass die Liebe Gottes es erfordert, dass Sünde nicht ungestraft bestehen kann, da dies die gesamte Schöpfung verseuchen würde, die Schrift selbst argumentiert in solchen Fällen jedoch nicht von der Liebe Gottes her, sondern von Seiner Strenge oder auch von Seinem Zorn her.

> **Röm 11,22** Sieh nun **die Güte und die Strenge Gottes:** gegen die, welche gefallen sind, Strenge; gegen dich aber Güte Gottes, wenn du an der Güte bleibst; sonst wirst auch du ausgeschnitten werden.

Wir sollen also nicht nur die Liebe bzw. Güte Gottes als Antrieb Seines Handelns sehen, sondern auch die Strenge und den Zorn als eine göttliche Motivation verstehen. Für uns bedeutet beides eine sogenannte „extrinsische" Motivation (Motivation von außen durch Belohnung und Strafe), da sowohl die Güte als auch die Strenge von Gott her kommen und von uns Entscheidungen und Handlugen fordern, zu denen wir uns sonst nicht aufraffen würden..

In der Pädagogik gilt die „intrinsische" Motivation als die bessere, d.h. man handelt aus eigener Überzeugung, aus Dankbarkeit oder aus *unserer* Liebe. So schön und gut das ist, so wahr ist es (eider) auch, dass extrinsische Motivation in der Regel die häufigere und auch wirkungsvollere ist, um *gemeinsam* ein Ziel zu erreichen. Die meisten werden extrinsisch motiviert, die wenigsten intrinsisch, wenn es darum geht, Eigeninteressen, Bequemlichkeit oder falsche Gewohnheiten und Verhaltensmuster zu überwinden.

Und doch ist, wie wir sehen werden, es unerlässlich, dass wir selbst uns nach der Güte Gottes ausstrecken, Ihn und Seine Gnade suchen, indem wir uns eifrig bemühen, das zu tun, was vor Ihm wohlgefällig ist. Ohne diese Haltung, diesen Beweis unserer aufrichtigen Buße, werden wir weder einen „lieben Gott" noch einen „gnädigen Gott" finden. Damit das aber gelingt, muss es tatsächlich von innen kommen, aus unserem Herzen (intrinsisch, denn es muss „echt" sein).

> **Spr 11,27 Wer das Gute eifrig sucht,** sucht Wohlgefallen [die LXX hat hier das Wort **Gnade**]; wer aber nach Bösem trachtet, über ihn wird es kommen.

Jer 5,1-3 Durchstreifet die Gassen Jerusalems, und sehet doch und erkundet und suchet auf ihren Plätzen, ob ihr jemand findet, ob einer da ist, **der Recht übt, der Treue sucht:** so will ich ihr vergeben. Und wenn sie sprechen: So wahr Jahwe lebt! so schwören sie darum doch falsch. - **Jahwe, sind deine Augen nicht auf die Treue gerichtet?**

1.Petr 3,10-12 Denn wer das Leben lieben und gute Tage sehen will, der enthalte seine Zunge vom Bösen, und seine Lippen, dass sie nicht Trug reden; er wende sich ab vom Bösen und tue Gutes; er suche Frieden und jage ihm nach; **denn die Augen des Herrn sind gerichtet auf die Gerechten**, und seine Ohren auf ihr Flehen; das Angesicht des Herrn aber ist wider die, welche Böses tun.

Gottes Liebe ist nicht bedingungslos

Die zitierten Verse zeigen uns zudem eine Facette der Liebe Gottes, die in der modernen Verkündigung oft verleugnet wird: Die Liebe Gottes ist *nicht* bedingungslos. Die Liebe Gottes gilt zwar tatsächlich allen Menschen, aber das macht sie weder voraussetzungs- noch bedingungslos:

Joh 3,16 Denn also hat Gott die Welt geliebt, dass er seinen eingeborenen Sohn gab, auf dass **jeder, der an ihn glaubt,** nicht verloren gehe, sondern ewiges Leben habe.

Die Liebe Gottes veranlasste Ihn zwar, Seinen Sohn für uns zu geben, allerdings ist der Glaube die Voraussetzung, die Wirkung dieser Hingabe persönlich zu erfahren und ewiges Leben zu erhalten. Mehr noch: Der Glaube muss ein anhaltender Glaube sei (Präsens), um dieses ewige Leben zu erhalten (Konjunktiv).[1] Das ist eine Bedingung.

Während Gott allen Menschen Seine Liebe anbietet, sind sie jedoch gleichzeitig unter Seinem Zorn und *bleiben* unter diesem Zorn, wenn sie nicht umkehren und sich versöhnen lassen:

Joh 3,36 Wer an den Sohn **glaubt,** hat ewiges Leben; wer aber dem Sohne **nicht glaubt**

---

[1] Das bezieht sich auf die Zeitformen der Verben im griechischen Text. Leider vermitteln manche Kommentare den Eindruck, als handle es sich beim rettenden Glauben um eine einmalige Glaubens*entscheidung*. Das ist falsch. Es geht um einen anhaltenden und vor allem tätigen Glauben. Darum ist die Verheißung ewigen Lebens auch im Konjunktiv und nicht, wie viele falsch mit der Tatsachenform „hat" übersetzten und den Schluss ziehen: Wenn man das ewige Leben hat, könne man es nicht mehr verlieren. Vielmehr ist die Verheißung an die Bedingung gebunden, den Glauben (bis zum Ende) zu bewahren (vgl. Mat 24,13).

[wörtl. **gehorcht**][2], wird das Leben nicht sehen, sondern der Zorn Gottes **bleibt** auf ihm.

So kann Johannes also innerhalb von nur 20 Versen gleichwertig von der Liebe Gottes und dem Zorn Gottes reden, welche gleichzeitig allen Menschen gelten. Die Liebe Gottes ist daher keine allversöhnende Liebe, sondern an die Bedingungen von Umkehr und anhaltendem, gehorsamen Glauben gebunden.

Gottes Gnade in der Botschaft des Herrn Jesus

Beginnt man in den Briefen zu lesen, um das Evangelium zu verstehen, dann meint man, das Schlüsselwort des Evangeliums sei Gnade. Gnade sei der Gegensatz zu den menschlichen Werken, so dass wir nicht durch unser Tun, sondern durch ein freies Geschenk gerettet würden. Das wird besonders von all jenen als große Befreiung erfunden, welche trotz aller religiösen Bemühungen dennoch keine Glaubensgewissheit und keinen Frieden erfuhren. Das bekannteste Beispiel dafür war ein asketischer Augustinermönch, der an

---

[2] Leider verschleiert die Elberfelder Bibel hier, dass Johannes zwei verschiedene Worte gebraucht: pisteuo (glauben) und apeitheo (nicht gehorchen) – diese Ungenauigkeit ist wohl der „allein aus Glauben"-Theologie der Übersetzer geschuldet.

seiner Suche nach einem „Gnädigen Gott" verzweifelte, bis er ihn im Römerbrief fand. Da die katholische Kirche diesen Gott offenbar nicht zu vermitteln vermochte, gab Martin Luther dieser Gnade Gottes und den Briefen des Paulus in seiner Theologie ein solches Gewicht, dass wir eigentlich zutiefst irritiert sein müssten, wenn wir sehen, dass der Herr Jesus das Wort „Gnade" nicht ein einziges Mal benutzte, um das Wesen des Evangeliums zu beschreiben.

Schlimmer noch: Er verwendet das Wort Gnade in einem für uns völlig anderen Sinn, in dem es im Griechischen jedoch ebenfalls gebraucht wurde:

> **Luk 6,32-34** Und wenn ihr liebet, die euch lieben, was für **Dank** ist es euch? Denn auch die Sünder lieben, die sie lieben. Und wenn ihr denen Gutes tut, die euch Gutes tun, was für **Dank** ist es euch? Denn auch die Sünder tun dasselbe. Und wenn ihr denen leihet, von welchen ihr wieder zu empfangen hoffet, was für **Dank** ist es euch? Denn auch die Sünder leihen Sündern, auf dass sie das gleiche wieder empfangen.

Das Wort, das mit „Dank" übersetzt wird, ist das Wort „Gnade". In den Parallelversen in der Bergpredigt (Mat 5-7) steht das Wort „Lohn". Die Vorstellung, Gnade mit Lohn gleichzusetzen, grenzt für evangelikal gesinnte Christen an Häresie; für jene, deren Muttersprache Griechisch war, ist das jedoch völlig normal. Das bedeutet, dass auch **Gnade** nicht als bedingungslos definiert werden kann, sondern **Wohlgefallen gegenüber Wohlgefälligem** zum Ausdruck bringt. Die Wortwurzel von Gnade ist Freude bzw. Wohlgefallen.

Gottes Liebe in der Botschaft des Herrn Jesus

Sucht man in den Evangelien nach Aussagen des Herrn, in denen dieser direkt sagt: „Gott liebt Euch" oder noch persönlicher: „Gott liebt Dich", so sind diese auch schwer zu finden. Auch in diesen äußerst seltenen Fällen ist diese Liebe nicht bedingungslos. Was überraschen mag, ist eine Dreiteilung in der Liebe Gottes:

- **Die Liebe Gottes zur Welt**, welche gleichzeitig unter dem Zorn Gottes steht, haben wir weiter oben bereits wahrgenommen (Joh 3:16+36).

- **Die Liebe Gottes zu uns**, welche eine Weiterführung der Liebe Gottes zum Herrn Jesus ist, zeigt, dass diese Liebe den Jüngern gilt und sich von der allgemeinen der Welt angebotenen Liebe in der Qualität unterscheidet.

- Drittens ist **die Liebe des Herrn Jesus zu den Seinen** zu nennen, welche wiederum von der

Liebe des Vaters zu uns unterschieden werden kann.

Auch wenn es falsch ist, die Trennungen zu kategorisch zu sehen, da der Vater und der Sohn ja eins sind, so sind die Aspekte doch bemerkenswert. Bemerkenswerter jedoch ist, wie wenig davon in den Evangelien insgesamt die Rede ist:

Allgemeine Liebe zu allen Menschen	Die Liebe des Vaters zu den Jüngern, weil diese zu Jesus gehören	Die Liebe des Herrn zu den Seinen bzw. zu anderen (einzelnen) Menschen
Matthäus = 0	Matthäus = 0	Matthäus = 0
Markus = 0	Markus = 0	**Mk 10,21** Jesus aber blickte ihn an, **liebte ihn** und sprach zu ihm: Eines fehlt dir; gehe hin, verkaufe, was irgend du hast, und gib es den Armen, und du wirst einen Schatz im Himmel haben, und komm, folge mir nach, das Kreuz aufnehmend.
Luk 11,42 Aber wehe euch Pharisäern! Denn ihr verzehntet die Krausemünze und die Raute und alles	Lukas = 0	Lukas = 0

Kraut, und übergehet das Gericht und **die Liebe Gottes;** diese Dinge hättet ihr tun und jene nicht lassen sollen.		
Joh 3,16 Denn also hat **Gott die Welt geliebt,** daß er seinen eingeborenen Sohn gab, auf daß jeder, der an ihn glaubt, nicht verloren gehe, sondern ewiges Leben habe. **Joh 5,42** sondern ich kenne euch, dass ihr **die Liebe Gottes** nicht in euch habt.	**Joh 14,21** Wer meine Gebote hat und sie hält, der ist es, der mich liebt; wer aber mich liebt, wird **von meinem Vater geliebt** werden; und ich werde ihn lieben und mich selbst ihm offenbar machen. **Joh 14,23** Jesus antwortete und sprach zu ihm: Wenn jemand mich liebt, so wird er mein Wort halten, und **mein Vater wird ihn lieben,** und wir werden zu ihm kommen und Wohnung bei ihm machen. **Joh 17,26** Und ich habe ihnen deinen Namen kundgetan und werde ihn kundtun, auf dass	**Joh 11,5 Jesus** aber **liebte** die Martha und ihre Schwester und den Lazarus. **Joh 13,1** Vor dem Feste des Passah aber, als Jesus wusste, dass seine Stunde gekommen war, dass er aus dieser Welt zu dem Vater hingehen sollte - da er die Seinigen, die in der Welt waren, **geliebt** hatte, **liebte er** sie bis ans Ende. **Joh 13,23** Einer aber von seinen Jüngern, **den Jesus liebte,** lag zu Tische in dem Schoße Jesu. (vgl Joh 19,26; 21,7; 21,20) **Joh 13,34** Ein neues Gebot gebe ich euch, daß ihr

	die Liebe, womit du mich geliebt hast, in ihnen sei und ich in ihnen.	einander liebet, auf daß, **gleichwie ich euch geliebt habe,** auch ihr einander liebet. **Joh 15,9-10** Gleichwie der Vater mich geliebt hat, habe auch ich euch geliebt; bleibet in meiner Liebe. Wenn ihr meine Gebote haltet, so werdet ihr **in meiner Liebe bleiben,** gleichwie ich die Gebote meines Vaters gehalten habe und in seiner Liebe bleibe. **Joh 15,13** Größere **Liebe** hat niemand, als diese, dass jemand sein Leben lässt **für seine Freunde.**

Es ist sicher richtig, dass unser Herr Jesus durch Sein Handeln die Liebe Gottes gezeigt und vermittelt hat; es ist jedoch ebenso richtig, dass unser Herr die Liebe Gottes nicht in das Zentrum der Evangeliumsverkündigung gestellt hat.

Man kann also sagen, dass zwar alles Handeln Gottes auch Ausdruck Seiner Liebe ist, das Evangelium jedoch nicht vorrangig aus dieser Liebe heraus begründet wird, da Gott weit mehr Eigenschaften hat als die Liebe. Dort, wo der Herr diese Liebe konkret anspricht, ist die Liebe nie bedingungslos: Die Liebe Gottes *zu uns* ist die Folge (!) unseres Gehorsams gegenüber Christus (Joh 14,21+23; Joh 15,9-10), und ohne Glauben bleiben wir trotz der Liebe Gottes unter Seinem Zorn (Joh 3,16+36).

Das Evangelium ist das Königreich Gottes – Gnade und Liebe sind diesem untergeordnet

Wenn die Liebe Gottes in den Evangelien also vorrangig durch Tat und Wahrheit (vgl. 1.Joh 3,18) zum Ausdruck kommt und nur selten wörtlich davon die Rede ist, muss das Evangelium noch von anderen Schwerpunkten und Zielen her verstanden werden.

Gezählte 119 Mal wird in den vier Evangelien das Königreich Gottes genannt. Verglichen mit dem Wort Gnade, das vom Herrn selbst nie in gewohnter Weise gebraucht wurde (insgesamt kommt Gnade elf Mal in den Evangelien vor), sehen wir hier eine ganz klare Schwerpunktsetzung. Die Dreizehn Verse, in denen von der Liebe Gottes die Rede ist, sind der Betonung des Königreiches Gottes auch eindeutig nachgeordnet.

Das Evangelium *ist* das Königreich. Es behandelt nicht nur dieses Thema, es beinhaltet das Königreich nicht neben anderen Themen, das Evangelium *ist* das Königreich Gottes. Gnade und Liebe Gottes sind daher aus dem Königreich heraus zu verstehen, es geht um **die Liebe und die Gnade, welche ein König Seinem Volk erweist,** und nicht um eine sentimentale oder individualistische Liebe. Unsere Beziehung zu Gott, und die Art, wie wir die Liebe Gottes empfangen und erfahren, kann nicht getrennt von der Liebe und Gnade Gottes gegenüber Seinem Volk gesehen werden. Christus liebt die Gemeinde (Eph 5,25). Das ist seit den Zeiten des Alten Testaments so:

> **5.Mose 4,33-40** Hat je ein Volk die Stimme Gottes mitten aus dem Feuer reden gehört, wie du sie gehört hast, und ist am Leben geblieben? - Oder hat Gott je versucht zu kommen, um sich eine Nation aus der Mitte einer Nation zu nehmen durch Versuchungen, durch Zeichen und durch Wunder, und durch Krieg und mit starker Hand und mit ausgestrecktem Arme, und durch große Schrecknisse, nach allem, was Jahwe, euer Gott, in Ägypten, vor deinen Augen, für euch getan hat?

Dir ist es gezeigt worden, damit du wissest, dass Jahwe Gott ist, keiner sonst außer ihm. Vom Himmel her hat er dich seine Stimme hören lassen, um dich zu unterweisen; und auf der Erde hat er dich sein großes Feuer sehen lassen, und mitten aus dem Feuer hast du seine Worte gehört.

Und **darum, dass er deine Väter geliebt und ihren Samen nach ihnen** erwählt hat, hat er dich mit seinem Angesicht, mit seiner großen Kraft aus Ägypten herausgeführt, um Nationen vor dir auszutreiben, größer und stärker als du, um dich hinzubringen, damit er dir ihr Land als Erbteil gäbe, wie es an diesem Tage geschieht.

So erkenne denn heute und nimm zu Herzen, dass Jahwe Gott ist im Himmel oben und auf der Erde unten, keiner sonst. Und beobachte seine Satzungen und seine Gebote, die ich dir heute gebiete, damit es dir und deinen Kindern nach dir wohlgehe, und damit du deine Tage verlängerst in dem Lande, welches Jahwe, dein Gott, dir für immer gibt.

Hat Gott beispielsweise Jehu, den Sohn Joschibjas aus dem Stamm Simeons (1.Chr 4,34) persönlich geliebt? Nein. Erweist Gott diesem Schimon Liebe? Ja, und zwar in der allgemeinen Erwählung des Volkes Gottes.

Die Liebe, die Gott den Vätern durch Erwählung, Führung, Bewahrung und Verheißung erwiesen hat, kommt dem „Samen nach ihnen" zu Gute! Die Folge ist ein priesterliches Königreich, das Gott erwählt hat (2.Mose 19,6). Ist Liebe die Motivation gewesen? Ja, durchaus. Aber ist Liebe das einzige, das hier zur Sprache kommt? Absolut nicht, denn Gott geht es auch im Seinen Namen, Seine Herrschaft und die Bundestreue, die Er Abraham zugeschworen hat. Er erwartet von Seinem Volk deshalb nicht nur Gegenliebe (5.Mose 6,5), sondern auch den Gehorsam treuer Untertanen (5.Mose 6,2) und Anbetung (5.Mose 6,4). Liebe ist hier also nicht individualistisch zu verstehen: „Mein persönlicher Gott liebt mich ganz persönlich." Damit will ich nicht bestreiten, dass jeder durch Christus eine solch persönliche Beziehung zum Vater haben kann und pflegen soll; jedoch ist diese Beziehung im Licht und auf dem Fundament des Königreiches Gottes zu verstehen. Außerhalb desselben erfahre ich die Liebe Gottes so wie ein von der Herde abgeirrtes Schaf die Fürsorge des Hirten erfährt.

Evangelium ist mehr als eine „Gute Nachricht"

Der Begriff Evangelium ist kein neutestamentlicher Begriff und auch kein religiöses Fachwort. Es bedeutet seit alters her eine Proklamation und Ankündigung einer Autorität, z.B. eines Königs. Die Ankündigungen des Kaisers Augustus wurden auf einer alten Inschrift aus Priene in Kleinasien „Evangelien" genannt. Das Wort Evangelium beinhaltete für die Zuhörer der damaligen Zeit automatisch **die Autorität des Königs,** welcher den Herold sandte. Unser Wort für Prediger ist im Griechischen das Wort für Herold (käryx). Das Evangelium zu predigen, ist also **die Ankündigung einer königlichen Botschaft durch einen Herold.** Damit ist noch nicht gesagt, was der Inhalt dieser Botschaft ist, wir bekommen allerdings eine Vorstellung von der Vollmacht, dem Ernst und der Dringlichkeit einerseits, und von der Zielgruppe andererseits: **Ziel des Evangeliums** bin nicht ich mit meinen persönlichen Bedürfnissen und Fragen, sondern **alle, welche unter der Autorität des Königs stehen.**

Das ist völlig anders, als wir es gewöhnt sind, und es irritiert vorerst vielleicht, dass es beim Evangelium gar nicht um mich gehen sollte. Aber genau hier liegt meines Erachtens das Problem des neuzeitlich-individualistisch geprägten Christentums. Wer das nicht begreift, wird in der Regel zuerst die Befriedigung der eigenen Bedürfnisse suchen, und erst dann das Königreich Gottes – doch genau umkehrt soll es sein (Mat 6,33).

> **Jes 52,7** Wie lieblich sind auf den Bergen die Füße dessen, der frohe Botschaft bringt, der Frieden verkündigt, der Botschaft des Guten

bringt, der Heil verkündigt, der zu Zion spricht: **Dein Gott herrscht als König!**

In der griechischen Übersetzung des Propheten, in der Septuaginta (LXX), welche die Bibel des Herrn und Seiner Apostel war, steht hinter der Aussage „Botschaft des Guten" das Wort Evangelium. Das Gute ist die Königsherrschaft Gottes.

Ist dies nicht selbstverständlich? Eben nicht. Was ist nämlich die Ausgangslage des Volkes, welches dieses Evangelium hört?

> **Jes 52,1-6** Wache auf, wache auf; kleide dich, Zion, in deine Macht! Kleide dich in deine Prachtgewänder, Jerusalem, du heilige Stadt! Denn hinfort wird kein Unbeschnittener und kein Unreiner in dich eintreten. **Schüttle den Staub von dir ab, stehe auf, setze dich hin, Jerusalem!** Mache dich los von den Fesseln deines Halses, du gefangene Tochter Zion! Denn so spricht Jahwe: Umsonst seid ihr verkauft worden, und **nicht um Geld sollt ihr gelöst werden.**
>
> Denn so spricht der Herr, Jahwe: Nach Ägypten zog mein Volk im Anfang hinab, um sich daselbst aufzuhalten; und Assyrien hat es ohne Ursache bedrückt. Und nun, was habe ich hier zu schaffen? spricht Jahwe. Denn mein Volk ist umsonst hinweggenommen; seine Beherrscher jauchzen, spricht Jahwe, und

beständig, den ganzen Tag, wird mein Name gelästert. **Darum soll mein Volk meinen Namen kennen lernen,** darum an jenem Tage erfahren, dass ich es bin, der da spricht: **Hier bin ich!**

Es geht um ein Volk, das unfrei ist und in Gefangenschaft verkauft wurde. Es geht um ein Volk, und nicht um Einzelpersonen, aber jedes Volk besteht aus Einzelpersonen, welche unter der Situation leiden und zu Gott um Hilfe schreien. Diesen wird dieses Evangelium verkündet: Ihr werdet aus der Gefangenschaft befreit, losgekauft werde, und Gott selbst wird Euer König sein. Petrus bezieht sich auf diese Aussage „Nicht um Geld sollt ihr gelöst werden":

> **1.Petr 1,18-19** indem ihr wisset, dass ihr nicht mit verweslichen Dingen, mit Silber oder Gold, erlöst worden seid von eurem eitlen, von den Vätern überlieferten Wandel, sondern **mit dem kostbaren Blute Christi,** als eines Lammes ohne Fehl und ohne Flecken.

Unsere Gefangenschaft war die Herrschaft der Sünde, der von den Vätern überlieferte und todbringende Lebensstil dieser Welt. Die Rettung ist die Befreiung aus diesem Zustand, um im Königreich Gottes zu leben. Dieses Königreich ist die Summe aller Erlösten, jedoch ein Volk und nicht eine Sammlung autonomer Individuen; ein Volk unter *einem* König und *einem* Gesetz. Diesem Volk gilt Seine ganze Liebe und Gnade, und nur im Rahmen des Königreiches erfahren wir diese Liebe und diese Gnade auch persönlich.

Erlösung ist weit mehr als „Sündenvergebung"

Wie aus der Stelle aus dem Petrusbrief hervorgeht, hat das Blut Christi mehr „zu bieten" als bloße Sündenvergebung. Dennoch konzentriert sich die Verkündigung des Evangeliums oft genau darauf: „Um nach dem Tod nicht in die Hölle zu kommen, müssen unsere Sünden vergeben werden. Darum müssen wir an *Jesus* glauben, damit wir erlöst werden." Für viele ist das alles, was sie unter dem Evangelium verstehen. Aber praktisch nie wird das Königreich predigt, weshalb nur Jesus, der Sündenvergeber, bekannt wird, nicht aber der *Herr* Jesus als unser Messias (Christus) und König.

Dieser König befreit uns aus einer Knechtschaft, aus einer Fremdherrschaft, so wie Israel aus Ägypten und der Gefangenschaft in Babylon befreit wurde. Die Ausgangslage, in der wir uns befinden, ist höchst dramatisch:

> **Mat 4,15-17** "Land Zabulon und Land Nephtalim, gegen den See hin, jenseits des Jordan, Galiläa der Nationen: das Volk, das in Finsternis saß, hat ein großes Licht gesehen, und denen, **die im Lande und Schatten des Todes**

saßen, Licht ist ihnen aufgegangen." Von da an begann Jesus zu predigen und zu sagen: Tut Buße, denn das Reich der Himmel ist nahe gekommen.

Das Volk: Nicht du und ich in unserer persönlichen Not sind angesprochen, sondern die Not des Volkes. Wir sind in diese Not eingeschlossen und leiden mit, weshalb diese allgemeine Not auch zu der unseren wird. Diese Unterscheidung ist wichtig, denn es geht hier nicht um persönliche Wünsche, welche nicht erfüllt wurden oder um Einzelschicksale, so tragisch diese sein mögen, sondern um die allgemeine Lage der Menschheit. Unsere persönlichen Probleme resultieren aus dieser allgemeinen Lage. Das zu verstehen ist wichtig, um zu verstehen, dass wir Teil von etwas Größerem sind.

Das Königreich Gottes ist die befreiende Botschaft für alle, die im Schatten des Todes sitzen und durch Todesfurcht von Satan in Sklaverei gehalten werden:

> **Heb 2,14-15** Weil nun die Kinder Blutes und Fleisches teilhaftig sind, hat auch er in gleicher Weise an denselben teilgenommen, auf dass er durch den Tod den zunichte machte, der die Macht des Todes hat, das ist den Teufel, und alle die befreite, welche durch Todesfurcht das ganze Leben hindurch **der Knechtschaft unterworfen** waren.

Die Menschwerdung des Herrn Jesus Christus verfolgte unter anderem auch den Zweck, den Teufel zu besiegen und uns aus seiner Knechtschaft zu befreien. Diese Befreiung aus einer Fremdherrschaft brachte uns nicht etwa individuelle Freiheit, sondern einen neuen König: Den Herrn Jesus Christus. Das ist die eigentliche Erfüllung der Verheißung an Abraham:

> **Heb 2,16** Denn er nimmt sich fürwahr nicht der Engel an, sondern des Samens Abrahams nimmt er sich an.

Hier setzt sich also die Liebe Gottes fort, die Gott den Vätern zugeschworen hat (s.o. 5.Mose 4,33-40) und findet ihre eigentliche Erfüllung. Der Segen, der über den Nachkommen Abrahams allen Völkern zuteil werden soll, ist der Segen der Befreiung und eines neuen Königreiches. Erst auf dieser Grundlage nun ist von der Vergebung der Sünden zu sprechen:

> **Heb 2,17-18** Daher musste er in allem den Brüdern gleich werden, auf dass er in den Sachen mit Gott ein barmherziger und treuer Hoherpriester werden möchte, um **die Sünden des Volkes zu sühnen**; denn worin er selbst gelitten hat, als er versucht wurde, vermag er denen zu helfen, die versucht werden.

Unser Herr Jesus wird uns deshalb als Sieger über den Teufel, als Befreier aus der Knechtschaft, als König im Königreich Gottes und als Hohepriester, der unsere Sünden durch Sein Blut sühnt und damit vergibt vorgestellt. Was immer wir davon in unserer Verkündigung auslassen oder in unserem Leben mit Gott vernachlässigen, reduziert die Botschaft des Evangeliums und damit die Kraft, aus der wir leben, da unserem Glauben die Inhalte und Grundlagen entzogen werden.

Leben nicht viele Christen noch so, als seien sie gar nicht befreit worden? Ein Lied, das wir in der Jugendgruppe gesungen haben, bringt dies zu Ausdruck, wenn die erste Zeile schmettert: „Besser sind wir nicht, aber besser sind wir dran" – sprich: Es hat sich nichts verändert, aber uns ist vergeben worden. Das Evangelium hat mehr zu bieten.

Jesus ist mehr als das Opferlamm

Martin Luther fand den „Gnädigen Gott" im Römerbrief, aber er fand nicht den Herrn Jesus Christus als König und Hohenpriester. An dieser Verkürzung des Evangeliums leidet der gesamte Protestantismus, weil dessen Evangelium keine Befreiung aus der Macht der Sünde bietet, sondern uns rät, sich damit abzufinden, dass wir „allzumal Sünder" sind, denen Gott sei Dank vergeben wurde. Legendär ist Luthers „Rat" an seinen Mitstreiter Philipp Melanchthon, nur auf das Opferlamm zu sehen und im festen Glauben daran mutig zu sündigen, um ein rechter Prediger der wahren Gnade Gottes zu werden. Dieser Rat wurde schließlich verkürzt zum Spottwort „Glaube fest und sündige wacker".

> Es genügt, dass wir durch den Reichtum der Herrlichkeit Gottes das Lamm erkennen, das die Sünden der Welt trägt. Davon kann uns keine Sünde trennen, auch wenn wir tausend und abertausend Male am Tage Unzucht treiben oder morden.[3]

Wer Jesus nicht als Herrn sondern nur als Lamm, und wer das Blut nur als zur Vergebung nicht aber als zur Befreiung vergossen sieht, kann zu keinem anderen Ergebnis kommen als Luther. Denn, wenn die Gnade Gottes darauf beschränkt wird, durch eine vollumfänglich geleistete Sühne alle unsere Sünden zu begleichen, damit wir nicht mehr verdammt werden, dann ist es wirklich egal, wie wir leben, denn der Preis wurde ja ein für allemal bezahlt.

Das aber ist nicht das Evangelium. Das Evangelium ist das Königreich, **die Vergebung ist nur ein Aspekt der Befreiung, durch die der Herr uns in diesem Königreich aufnimmt**. Darum kann und darf sich die Erkenntnis des Herrn Jesus nicht darauf beschränken, dass Er das Lamm Gottes ist, so sehr Er das auch ist. Zu

---

[3] Luther, Martin in einem Brief an Philipp Melanchthon; zitiert bei Philip Yancey „Gnade ist nicht nur ein Wort", R. Brockhaus Verlag Wuppertal 2006, S 177

sagen, es genüge, Ihn so zu sehen, um in einem weiterhin sündigen Lebensstil getröstet oder gar bestärkt zu werden, ist falsch. Ja, es verhöhnt Gott.

Der Hebräerbrief bemüht sich deshalb, den Herrn vollständiger zu beschreiben:

> **Heb 7,1-3** Denn dieser Melchisedek, König von Salem, Priester Gottes, des Höchsten, der Abraham entgegenging, als er von der Schlacht der Könige zurückkehrte, und ihn segnete, welchem auch Abraham den Zehnten zuteilte von allem; der erstlich verdolmetscht **König der Gerechtigkeit** heißt, sodann aber auch König von Salem, das ist **König des Friedens,** ohne Vater, ohne Mutter, ohne Geschlechtsregister, weder Anfang der Tage noch Ende des Lebens habend, aber dem Sohne Gottes verglichen, bleibt Priester auf immerdar.

Paulus fiel beim Lesen des Alten Testaments das Besondere an Melchisedek auf, der uns nur in der Geschichte Abrahams und im Messianischen Psalm 110 begegnet. Das ist signifikant, setzt jedoch bei den Lesern eine geistige Wachheit im Zuhören voraus, die er bemängeln musste (Heb 5,11-14). Wer den Herrn bisher ebenfalls nur als Sündenvergeber begriffen hat, dem sind diese Bezugnahmen ebenfalls schwer nachvollziehbar; doch ohne Melchisedek haben wir ein verkürztes Bild vom Herrn Jesus. Paulus legt diesen Priesterkönig folgendermaßen aus:

- Er ist ohne Anfang und Ende, also ewig wie Gott selbst
- Er ist ein Priester des lebendigen Gottes
- Er ist größer als Abraham und das von ihm abstammende levitische Priestertum
- Er ist der König des Friedens
- Er ist der König der Gerechtigkeit
- In all dem zeigt Melchisedek uns, wer der Herr Jesus ist

Im Psalm 110 finden wir den prophetischen Text, der im Neuen Testament so oft zitiert wird:

> **Ps 110,1-4** Von David. Ein Psalm. Jahwe sprach zu meinem Herrn: **Setze dich zu meiner Rechten**, bis ich deine Feinde lege zum Schemel deiner Füße! Den Stab deiner Macht wird Jahwe aus Zion senden; **herrsche** inmitten deiner Feinde! Dein Volk wird voller Willigkeit sein am Tage deiner Macht; in heiliger Pracht, aus dem Schoße der Morgenröte wird dir der Tau deiner Jugend kommen. Geschworen hat Jahwe, und es wird ihn nicht gereuen: "Du bist Priester in Ewigkeit nach der Weise Melchisedeks!"

Mat 22,44; Mat 26,64; Mk 12,36; Mk 14,62; Mk 16,19; Luk 20,42; Luk 22,69; Apg 2,34; Apg 7,55-56; Röm 8,34; Eph 1,20; Kol 3,1; Heb 1,3; Heb 1,13; Heb 5,6; Heb

5,10; Heb 6,20; Heb 7,1; Heb 7,10-11; Heb 7,15; Heb 7,17; Heb 7,21; Heb 8,1; Heb 10,12; Heb 12,2; 1.Petr 3,22 – Sechsundzwanzig Mal wird im Neuen Testament auf diesen Psalm Bezug genommen, was ihn zum meist zitierten prophetischen Text macht. Kann die Bedeutung Melchisedeks deutlicher betont werden?

> **Heb 7,15-19** Und es ist noch weit augenscheinlicher, wenn, nach der Gleichheit Melchisedeks, ein anderer Priester aufsteht, der es nicht nach dem Gesetz eines fleischlichen Gebots geworden ist, sondern **nach der Kraft eines unauflöslichen Lebens.**
>
> Denn ihm wird bezeugt: "Du bist Priester in Ewigkeit nach der Ordnung Melchisedeks". Denn da ist **eine Abschaffung des vorhergehenden Gebots seiner Schwachheit und Nutzlosigkeit wegen** (denn das Gesetz hat nichts zur Vollendung gebracht) und die Einführung einer besseren Hoffnung, durch welche wir Gott nahen.
>
> **Heb 7,12** Denn wenn das Priestertum geändert wird, so findet notwendig auch **eine Änderung des Gesetzes** statt.

Die königlich-priesterliche Dimension des Herrn Jesus steht über der des Opferlammes, da Er ein für allemal geopfert wurde, aber „Kraft des unauflöslichen Lebens" Priester und König in Ewigkeit ist. **Als solcher ist Er auch Gesetzgeber,** und plötzlich wird uns klar, dass

Glaube ohne Gehorsam Untreue gegenüber dem König bedeutet. Plötzlich geht es nicht mehr nur um Sündenvergebung, sondern um einen **Herrschaftswechsel.** Deshalb sind Gnade und Liebe nicht die zentralen Themen des Evangeliums, so sehr wir auf beides angewiesen sind, um den Segen der Königsherrschaft zu erlangen.

Die Gemeinde ist mehr als die Summe derer, denen vergeben wurde

Das Evangelium ist das Königreich Gottes, und sein Ziel ist, für Gott ein Volk zu sammeln, das Er in Liebe, Frieden, Gerechtigkeit und Gnade regiert. Das ist von alters her Sein Wille gewesen, und das ist auch Neuen Bund unter Melchisedek nicht anders.

> **2.Mose 19,4-6** Ihr habt gesehen, was ich an den Ägyptern getan habe, wie ich euch getragen auf Adlers Flügeln und euch zu mir gebracht habe. Und nun, **wenn ihr fleißig auf meine Stimme hören und meinen Bund halten werdet, so sollt ihr mein Eigentum sein aus allen Völkern;** denn die ganze Erde ist mein; und ihr sollt mir ein Königreich von Priestern und eine heilige Nation sein. Das sind

die Worte, die du zu den Kindern Israel reden sollst.

5.Mose 4,20 Euch aber hat Jahwe genommen und euch herausgeführt aus dem eisernen Schmelzofen, aus Ägypten, damit ihr **das Volk seines Erbteils** wäret, wie es an diesem Tage ist.

Tit 2:14 der sich selbst für uns gegeben hat, auf **dass er uns loskaufte von aller Gesetzlosigkeit** und reinigte sich selbst ein Eigentumsvolk, eifrig in guten Werken.

1.Petr 2,9 Ihr aber seid ein auserwähltes Geschlecht, **ein königliches Priestertum,** eine heilige Nation, ein Volk zum Besitztum, damit ihr die Tugenden dessen verkündigt, der euch berufen hat aus der Finsternis zu seinem wunderbaren Licht.

Jeder einzelne Christ ist Teil eines Ganzen. So wie das Schicksal des einzelnen Israeliten mit dem Schicksal des Volkes verbunden war, so auch wir. Wir können uns nicht isoliert von der Gemeinde betrachten, ohne das Ziel Gottes aus den Augen zu verlieren, welches Er mit Seinem Volk verfolgt.

Ihm gehören wir, nicht uns selbst, denn wir wurden um einen Preis erkauft. Auch das ist eine Seite des Blutes Christi welche uns nicht immer vor Augen steht: es dient der Sühnung für unsere Sünden und reinigt uns (1.Joh 1,9), es kaufte uns frei von der Knechtschaft des Teufels und der Sünde (Heb 2,14-15), und es erkaufte uns für Gott zu einem Volk des Eigentums (Tit 2,14).

Wer *persönlich* sucht errettet zu werden, kann dies nur im Rahmen der Berufung des Volkes Gottes, und als solche werden wir Bürger eines Königreichs und sind **dem Herrn und Gebieter Jesus Christus in allem zu Treue und Gehorsam verpflichtet.**

Die christliche Freiheit ist etwas anderes als Autonomie

Wenn man die Botschaft des Evangeliums so gehört hat, dass wir durch Gnade davon befreit sind, aus eigenen Werken unser Heil zu erwirken und darin die „Freiheit des Christenmenschen" sehen, nämlich eine Freiheit von allen Verpflichtungen und Gesetzen, dann wurden wir falsch informiert.

> **Kol 1,12-14** danksagend dem Vater, der uns fähig gemacht hat zu dem Anteil am Erbe der Heiligen in dem Lichte, der uns errettet hat aus der Gewalt der Finsternis und **versetzt in das Reich des Sohnes** seiner Liebe, in welchem wir die Erlösung haben, die Vergebung der Sünden;

Es gibt kein Niemandsland zwischen der Herrschaft der Finsternis und dem Königreich des Sohnes. **Folglich gibt es auch keinen Bereich, der uns selbst die Herrschaft über unser Leben gestattet.** Der Ursprung aller Sünde ist der Versuch des Menschen, von Gott unabhängig zu leben, selbst zu erkennen und zu entscheiden, was Gut und Böse ist, selbst zu sein wie Gott. Dieses Denken sitzt seit der Lüge der Schlange tief in uns drinnen und muss überwunden werden.

> **1.Petr 2,24-25** (Jesus) welcher selbst unsere Sünden an seinem Leibe auf dem Holze getragen hat, **auf dass wir,** den Sünden abgestorben, **der Gerechtigkeit leben,** durch dessen Striemen ihr heil geworden seid. Denn ihr ginget in der Irre wie Schafe, aber ihr seid jetzt zurückgekehrt zu dem Hirten und Aufseher eurer Seelen.

Wenn der Herr unsere Sünden getragen hat, dann mit dem Ziel, dass wir zurückkehren unter die Aufsicht und Leitung des Hirten, damit wir geheilt von der Sünde ein gerechtes Leben führen. Als Schafe sind wir Herdentiere, und **die Führung des Hirten ist nicht individualistisch angelegt, sondern gemeinschaftlich.** Die ungeteilte Aufmerksamkeit bekommen wir durchaus, *wenn wir abirren* und Er alles daran setzt, uns zur Herde zurück zu führen. In der Herde bekommen wir alle Pflege und Fürsorge, die wir nötig haben, als Teil der ganzen Herde. Wir hingegen folgen dem Hirten, wohin immer Er uns führt. Die Liebe Gottes, die Zuwendung des Hirten, die Gnade und Barmherzigkeit, von der wir leben, gilt also der ganzen Herde und wird von uns nur dann empfangen, wenn wir im Verband dieser Herde bleiben bzw. uns zurückbringen lassen.

Wir sind also keine autonomen und selbstbestimmten Wesen, sondern **zur Gemeinschaft berufen und Bürger eines realen Königreiches** geworden, welches in der Gemeinde des Herrn Jesus sichtbare Gestalt nimmt inmitten einer Welt, die noch unter der Macht der Finsternis leidet. Ein Blick in die Apostelgeschichte zeigt uns, wie weit heutige Freikirchen von Gottes Plan für die Gemeinde mittlerweile entfernt sind, und welch hohen Stellenwert die Gemeinschaft hat:

> **Apg 2,44-47** Alle aber, welche glaubten, **waren beisammen** und **hatten alles gemein;** und sie verkauften die Güter und die Habe und verteilten sie an alle, jenachdem einer irgend Bedürfnis hatte. Und indem sie **täglich** einmütig im Tempel verharrten und zu Hause **das Brot brachen,** nahmen sie **Speise** mit Frohlocken und Einfalt des Herzens, lobten Gott und hatten Gunst bei dem ganzen Volke. Der Herr aber tat täglich zu der Versammlung hinzu, die gerettet werden sollten.

> **Apg 4,32-34** Die Menge derer aber, die gläubig geworden, war **ein Herz und eine Seele;** und auch nicht einer sagte, dass etwas

von seiner Habe sein eigen wäre, sondern **es war ihnen alles gemein.** Und mit großer Kraft legten die Apostel das Zeugnis von der Auferstehung des Herrn Jesus ab; und große Gnade war auf ihnen allen. Denn es war auch keiner dürftig unter ihnen, denn so viele Besitzer von Äckern oder Häusern waren, verkauften sie und brachten den Preis des Verkauften und legten ihn nieder zu den Füßen der Apostel; es wurde aber einem jeden ausgeteilt, so wie einer irgend Bedürfnis hatte.

Das Volk Gottes ist nicht länger von der Welt

Bevor die Zuhörer der Pfingstpredigt in Jerusalem getauft und zu dieser ersten Gemeinde in Jerusalem wurden, schärfte Petrus ihnen noch nachdrücklich eine Grundwahrheit des christlichen Glaubens ein, die unverzichtbar ist:

> **Apg 2,40** Und mit vielen anderen Worten beschwor und ermahnte er sie, indem er sagte: **Lasst euch retten von diesem verkehrten Geschlecht!**

In seiner Ansprache proklamierte er wie ein Herold die Erhöhung Christi zur Rechten Gottes und den tatsächlichen Anbruch der Königsherrschaft Gottes mit den Worten:

> **Apg 2,36** Das ganze Haus Israel wisse nun zuverlässig, dass Gott ihn sowohl zum Herrn als auch zum Christus gemacht hat, diesen Jesus, den ihr gekreuzigt habt.

Die Wirkung der Botschaft war durchdringend und die Zuhörer fragten, wie sie damit umgehen sollten. Petrus forderte sie mit Worten auf, sich diesem König zu unterwerfen, welche im Zuge des kirchlichen Gebrauchs leider die Wucht ihrer Aussagekraft verloren haben. Ich gebe Apg 2:38-39 frei wieder, um die Wirkung dieser Worte spürbar zu machen:

> Jetzt liegt es an jedem einzelnen von euch, mit diesem König Frieden zu schließen, indem ihr euch Ihm unterwerft und euch von Ihm aus euren Bindungen an die Rebellion und euren Ungehorsam Ihm gegenüber lösen zu lassen. Lasst euch in der Taufe, in lebendigem Wasser, von eurem alten Leben reinigen und empfangt den verheißenen Geist Gottes, der eure Herzen erneuert. Das, was Gott euch vor Zeiten versprochen hat, gilt jetzt euch und all euren Nachkommen und jedem, den Gott durch die Proklamation Seines Königreiches hinzurufen wird. (vgl. Apg 2,38-39)

Jetzt kommen diese nachdrücklichen Worte, welche Lukas in einem Satz zusammenfasste, ursprünglich aber „viele Worte" waren. Diese vielen Worte finden wir an vielen anderen Stellen im Neuen Testament wieder:

> **Joh 17,15-17** Ich bitte nicht, dass du sie aus der Welt wegnehmest, sondern dass du sie bewahrest vor dem Bösen. **Sie sind nicht von der Welt,** gleichwie ich nicht von der Welt bin. Heilige sie durch die Wahrheit: dein Wort ist Wahrheit.
>
> **2.Kor 6,17-18** Darum **gehet aus ihrer Mitte aus und sondert euch ab**, spricht der Herr, und rühret Unreines nicht an, und ich werde euch aufnehmen; und ich werde euch zum Vater sein, und ihr werdet mir zu Söhnen und Töchtern sein, spricht der Herr, der Allmächtige.
>
> **Gal 1,4** der sich selbst für unsere Sünden hingegeben hat, **damit er uns herausnehme aus der gegenwärtigen bösen Welt,** nach dem Willen unseres Gottes und Vaters,

Praktisch jeder Autor im Neuen Testament spricht nachdrücklich von der Absonderung von der Welt. Erst nachdem Petrus die Zuhörer mit vielen Worten eindringlich beschwor, sich von der Welt und ihrer Lebensweise zu trennen, heißt es:

Apg 2,41 Die nun sein Wort aufnahmen, wurden getauft; und es wurden an jenem Tage hinzugetan bei dreitausend Seelen.

Nur **wer mit Abraham aus Ur auszog,** sah das seinen Nachkommen verheißene Land. Nur **wer mit Moses aus Ägypten auszog,** wurde Teil des Volkes, dem die Verheißung Abrahams galt. Nur **wer mit Esra und Nehemia aus Babylon zurückkehrte,** erhielt sein Erbteil zurück. Nur **wer sich im Glauben taufen lässt und sich von der Welt und ihrem Leben absondert,** empfängt die Verheißung. Darum, so irritierend es klingen mag, ist die Absonderung von der Welt notwendig, um ein Kind Gottes zu werden (2.Kor 6,17-18), denn die Absonderung von der Welt zeigt, dass man verstanden hat, dass man nicht zu beiden Welten gehören kann: Zum Machtbereich der Finsternis und zum Königreich Gottes.

Die Antwort auf das Evangelium ist daher untrennbar nicht nur mit einem persönlichen Herrschaftswechsel verbunden, sondern auch mit einem Exodus, einem Auszug aus der Welt, der zwar nicht „buchstäblich" vollzogen wird (sonst müssten wir aus der Welt hinausgehen, was nicht möglich ist), aber die Art des Umgangs mit der Welt meint:

> **1.Joh 2,15-17 Liebet nicht die Welt, noch was in der Welt ist.** Wenn jemand die Welt liebt, so ist die Liebe des Vaters nicht in ihm; denn alles, was in der Welt ist, die Lust des Fleisches

und die Lust der Augen und der Hochmut des Lebens, ist nicht von dem Vater, sondern ist von der Welt. Und die Welt vergeht und ihre Lust; wer aber den Willen Gottes tut, bleibt in Ewigkeit.

Jak 1,27 Ein reiner und unbefleckter Gottesdienst vor Gott und dem Vater ist dieser: Waisen und Witwen in ihrer Drangsal besuchen, **sich selbst von der Welt unbefleckt erhalten.**

Das aber wird nicht vermittelt, wenn das Evangelium auf Liebe, Gnade und Sündenvergebung reduziert wird. Erst wenn man verstanden hat, das Evangelium *ist* das Königreich Gottes (und handelt nicht nur davon), ist die Absonderung von der Welt nicht nur verständlich, sondern eine unabdingbare Konsequenz.

Das Evangelium ist Gottes Ultimatum an diese Welt

Niemand hat so viel von der Hölle geredet wie der Herr Jesus. Dabei hat Er besonders das Volk Israel hart angeredet als jene, welchen das Königreich zuerst verkündigt wurde, die es aber verworfen haben:

> **Mat 8,11-12** Ich sage euch aber, dass viele von Osten und Westen kommen und mit Abraham und Isaak und Jakob zu Tische liegen werden

in dem Reiche der Himmel, aber **die Söhne des Reiches werden hinausgeworfen werden** in die äußere Finsternis: da wird sein das Weinen und das Zähneknirschen.

Das Königreich wurde Israel weggenommen und einer Nation gegeben, die dessen Früchte bringen würde (Mat 21,43), und dieses Evangelium des Königreichs (kein anderes) soll allen Völkern zu einem Zeugnis gepredigt werden, ehe das Ende kommt (Mat 24,14).

Wenn in ein bestehendes Herrschaftssystem hinein die Botschaft verkündigt wird, es gäbe ein neues Königreich, dann ist das eine Kriegserklärung. Das Evangelium ist eine solche:

> **Mk 1,1-3** Anfang des **Evangeliums Jesu Christi, des Sohnes Gottes;** wie geschrieben steht in Jesaias, dem Propheten: "Siehe, ich sende meinen Boten vor deinem Angesicht her, der deinen Weg bereiten wird". "Stimme eines Rufenden in der Wüste: **Bereitet den Weg des Herrn** machet gerade seine Steige!"

Die Titel Herr, Christus und Sohn Gottes sind königliche Titel. Mit dem ersten Satz macht Markus klar, dass mit dem Königsanspruch des Herrn alle anderen Königsansprüche dieser Welt herausgefordert werden. Niemand verstand das so gut wie Herodes und die Weisen aus dem Osten. Letztere zogen den Schluss, dass diesem König die Knie gebeugt werden müssen (Mat 2,11), während Herodes alles daran setzte, den Konkurrenten zu töten. In Thessalonich wurde die Bestürzung der Welt über das Evangelium in klare Worte gefasst:

> **Apg 17,6-7** Diese, welche den Erdkreis aufgewiegelt haben, sind auch hierher gekommen, ... und diese alle handeln wider die Verordnungen des Kaisers, indem sie sagen, **dass ein anderer König sei: Jesus.**

Dieses Evangelium wird gepredigt, und alle bestehenden Loyalitäten und Bindungen werden damit infrage gestellt. Der einzige, dem sich jedes Knie beugen soll und wird, ist der Herr aller Herrn, der König aller Könige: Jesus Christus (Phil 2,11). Damit gebühren Ihm allein alle Ehre und Macht, aller Gehorsam, alle Treue und alle Herzen in ungeteilter Weise. Diese Form der völligen Unterwerfung ist es, was die Bibel unter Anbetung versteht.

Wer dem König nicht folgt, das Evangelium verwirft, der wird verworfen werden bei Seiner Ankunft in Macht und Herrlichkeit. Hier, *genau hier,* ist das Zentrum aller Gerichtsreden des Herrn. Es geht weniger um meine persönlichen Sünden, sondern um meine Haltung dem König gegenüber, welche sich darin zeigt, wie ich mit den Versuchungen der Welt umgehe. Hier bekommt alles seine Bedeutung, seinen Rahmen, sein Fundament, seinen Zusammenhang.

Es ist zu wenig, von der Hölle zu reden, und dabei nur auf die gestörte Beziehung zwischen dem Sünder und dem Richter hinzuweisen. Es geht um das Königreich – um ein „drinnen" oder „draußen" Sein, um Loyalität, welche den König ehren will, und weniger um ein akribisch geführtes Sündenregister, erstellt von einem akribischen Buchhalter und verlesen von einem akribischen Staatsanwalt. **Unser König ist ein barmherziger König, der Sünden sieben mal siebzig Mal vergibt!** Zeitgenössische Predigten skizzieren ihn oft als einen unleidlichen Bürokraten, der jede Unvollkommenheit unbarmherzig verdammen muss. So ist Gott nicht. Im Vater Unser lädt Er uns immer wieder großmütig ein, unsere Sünden zu bekennen und von Ihm vergeben zu lassen. **Hier werden uns Seine Gnade und Seine Liebe groß.**

Aber Er ist König. Unser Herr wird bei Seiner Ankunft unsere Loyalität beurteilen, unsere Bereitschaft uns zu Ihm zu bekennen und im Gehorsam Frucht zu Seiner Ehre zu bringen, indem wir Gutes tun, wie sich die Gelegenheit dazu bietet. Alle, welche bis dahin der Herrschaft Satans verhaftet bleiben, oder durch ihr Leben zeigen, dass ihre Frömmigkeit nur Lippenbekenntnisse waren, werden mit der Welt dem Feuer übergeben und haben keinen Anteil an Gottes Neuer Schöpfung (Offb 21).

Die Botschaft, die wir der Welt zu bringen haben, kann dringlicher und ultimativer nicht sein. Das Evangelium stellt die Welt vor die Entscheidung zwischen Unterwerfung oder Vernichtung.

Mk 16,15-16 Und er sprach zu ihnen: Gehet hin in die ganze Welt und **prediget das Evangelium der ganzen Schöpfung.** Wer da glaubt und getauft wird, wird errettet werden; wer aber nicht glaubt, wird verdammt werden.

Darum ist es notwendig, das Evangelium richtig zu verstehen, um es in der rechten Weise vermitteln zu können. Die gegenwärtig übliche fragmentarische Predigt ist dermaßen unzureichend, dass die Frage berechtigt ist, ob eine solche Verkündigung überhaupt jemanden retten kann.

Warum hören wir das nicht so?

Mir ist vollkommen klar, dass die letzten Seiten für manche wie ein völlig anderes Evangelium klingen mögen. Das hat gute Gründe. Bevor ich den Stellenwert der Gnade Gottes in den Briefen darstelle, möchte ich aber eine grundsätzliche Frage stellen: Predigten die Apostel das Evangelium, das der Herr ihnen zu predigen auftrug oder ein anderes, ein weiterentwickelten Evangelium?

Die Frage ist deshalb nötig, weil tatsächlich immer wieder versucht wird, die Evangelien – besonders Matthäus, Markus und Lukas – dem Alten Testament zuzuordnen, da die Verkündigung des Herrn so schwer zur Verkündigung des Paulus zu passen scheint.

Der Alte Bund endet mit Johannes, dem Täufer

Der Herr selbst macht ganz deutlich, wann der Alte Bund endet und der Neue Bund beginnt:

> **Mat 11,10-15** Denn dieser ist es, von dem geschrieben steht: "Siehe, ich sende meinen Boten vor deinem Angesicht her, der deinen Weg vor dir bereiten wird." Wahrlich, ich sage euch, unter den von Weibern Geborenen ist kein Größerer aufgestanden als Johannes der Täufer; **der Kleinste aber im Reiche der Himmel ist größer als er.** Aber von den Tagen Johannes' des Täufers an bis jetzt wird dem Reiche der Himmel Gewalt angetan, und Gewalttuende reißen es an sich. Denn alle Propheten und das Gesetz haben geweissagt bis auf Johannes. Und wenn ihr es annehmen wollt, er ist Elias, der kommen soll. Wer Ohren hat zu hören, der höre!

> **Luk 16,16** Das Gesetz und die Propheten waren bis auf Johannes; **von da an wird das Evangelium des Reiches Gottes verkündigt,** und jeder dringt mit Gewalt hinein.

Das Gesetz und die Propheten, also der Alte Bund, enden mit Johannes dem Täufer, der für jene, die es verstehen können, der Elia war, welcher dem Messias den Weg bereiten sollte. Der Herr bezieht sich hier auf eine Prophezeiung aus dem Buch Maleachi:

> **Mal 3,1** Siehe, ich sende meinen Boten, dass er den Weg bereite vor mir her. Und plötzlich wird zu seinem Tempel kommen der Herr, den ihr suchet; und der Engel des Bundes, den ihr begehret: siehe, er kommt, spricht Jahwe der Heerscharen.
>
> **Mal 4,5-6** Siehe, ich sende euch Elia, den Propheten, ehe der Tag Jahwes kommt, der große und furchtbare. Und er wird das Herz der Väter zu den Kindern, und das Herz der Kinder zu ihren Vätern wenden, auf dass ich nicht komme und das Land mit dem Banne schlage.

Und weiters erfüllte sich dieses Wort aus Jesaja:

> **Jes 40,3-4** Stimme eines Rufenden: In der Wüste bahnet den Weg Jahwes; ebnet in der Steppe eine Straße für unseren Gott! Jedes Tal soll erhöht und jeder Berg und Hügel erniedrigt werden; und das Höckerichte soll zur Ebene werden, und das Hügelige zur Niederung!

Die Evangelienberichte machen alle sehr deutlich, dass Johannes der Täufer jener angekündigte Wegbereiter des Herrn war, somit endet die Zeit des Gesetzes und der Propheten mit diesem letzten Propheten. Der

Herr wird selbst nicht mehr dem Alten Bund zugerechnet, da Er der Engel (= Bote) des Neuen Bundes ist. Der Herr ist auch dahingehend klar, dass das Königreich in Seiner Gegenwart ebenfalls gegenwärtig ist:

> **Mat 12,28** Wenn ich aber durch den Geist Gottes die Dämonen austreibe, **so ist also das Reich Gottes zu euch hingekommen.**

Mit dem Kommen des Herrn wird das Königreich also nicht bloß als eine ferne Verheißung, sondern als gegenwärtige Realität verkündigt. Damit will ich nicht den zukünftigen Aspekt des Königreiches übersehen, der mit Seinem zweiten Kommen in Macht und Herrlichkeit und der Wiederherstellung aller Dinge zu tun hat (Apg 3,21). Ich halte aber fest, dass die Evangelien, bzw. der Dienst des Herrn Jesus, keineswegs dem Alten Bund zuzurechnen ist, auch nicht irgendeiner „Übergangszeit", sondern durch und durch dem Neuen Bund. Dass mit Pfingsten die Situation sich noch weiter entwickelt habe, ist ein Irrtum. Pfingsten ist ein untrennbarer Teil des Kreuzesopfers Christi und die Verwirklichung des dort gestifteten Bundes in unseren Herzen.

Das bedeutet, das Evangelium, das der Herr zu predigen auftrug, muss notwendigerweise dasselbe sein, das Er bereits predigte:

> **Mat 24,14** Und **dieses Evangelium des Reiches** wird gepredigt werden auf dem

ganzen Erdkreis, allen Nationen zu einem Zeugnis, und dann wird das Ende kommen.

Es muss dieses Evangelium sein, denn es gibt kein anderes. Das Evangelium *ist* das Königreich, und eine andere Botschaft predigten auch die Apostel nicht.

Das Königreich in der Apostelgeschichte

Das Buch der Apostelgeschichte erstreckt sich über gut 30 Jahre, angefangen von der Zeit ab der Auferstehung des Herrn Jesus bis zum Hausarrest des Paulus in Rom. Zu Beginn der Apostelgeschichte lesen wir, worüber der Herr in den vierzig Tagen bis zu Seiner Erhöhung zur Rechten Gottes mit den Jüngern sprach:

> **Apg 1,3** welchen er sich auch nach seinem Leiden in vielen sicheren Kennzeichen lebendig dargestellt hat, indem er vierzig Tage hindurch von ihnen gesehen wurde und über die Dinge redete, **welche das Reich Gottes betreffen.**

Das lag dem Herrn auch nach Seiner Auferstehung am Herzen, sodass man nicht sagen kann, die Predigt des Königreiches wäre nur für die Zeit Seines irdischen Dienstes an Israel relevant gewesen, nun aber gelte eine andere Botschaft. Das wird auch deutlich, wenn man an das Ende der Apostelgeschichte geht:

Apg 28,23 Als sie ihm aber einen Tag bestimmt hatten, kamen mehrere zu ihm in die Herberge, welchen er die Wahrheit auslegte, indem er **das Reich Gottes bezeugte** und sie zu überzeugen suchte von Jesu, sowohl aus dem Gesetz Moses' als auch den Propheten, von frühmorgens bis zum Abend.

Apg 28,30-31 Er aber blieb zwei ganze Jahre in seinem eigenen gemieteten Hause und nahm alle auf, die zu ihm kamen, indem er **das Reich Gottes predigte** und die Dinge, welche den Herrn Jesus Christus betreffen, mit aller Freimütigkeit ungehindert lehrte.

Das Königreich war das Evangelium, das den Samaritern gepredigt wurde (Apg 8,12), den jungen heidenchristlichen Gemeinden in Kleinasien (Apg 14,22), den Juden und den Gottesfürchtigen in der Synagoge in Ephesus (Apg 19,8), und insgesamt drei Jahre lang lehrte Paulus in Ephesus alles, was das Königreich betrifft (Apg 20,25+31). Das Königreich ist die Botschaft der Apostel in der gesamten im Neuen Testament dokumentierten Kirchengeschichte.

Das Königreich in den Briefen

Darum muss das Königreich auch in den Briefen präsent sein, was es auch ist: Sechzehn Mal erwähnt

Paulus explizit das Königreich (Hebräerbrief mitgezählt), je einmal finden wir es bei Jakobus und Judas, und im Buch der Offenbarung, wo es in seiner Machtfülle am Ende beschrieben wird, kommt das Wort Königreich drei Mal vor.

Doch es geht um mehr als den Begriff des Königreiches. Die häufigen Bezüge zu Ps 110 sind in diesem Zusammenhang ebenso wichtig, wie der Gebrauch der Titel Herr und Christus für Jesus. Ein einziges Mal finden wir in den Evangelien folgende Formulierung:

> **Luk 24,3** und als sie hineingingen, fanden sie den Leib des **Herrn Jesus** nicht.

Ansonsten wird der Name Jesus in den Evangelien nie so mit dem Titel verbunden, und dieser Vers beschreibt den Ostermorgen, als der Sieg über die Mächte der Finsternis bereits errungen war. Einhundertsiebzehn Mal (117 x) jedoch wird ab der Apostelgeschichte vom „Herrn Jesus" gesprochen und weitere Fünfundachtzig Mal (85 x) vom „Herrn Jesus Christus".[4] Das ist signifikant, denn es bringt zum Ausdruck, welche unmittelbare Konsequenz der Heroldsruf von Pfingsten hatte:

> **Apg 2,36** Das ganze Haus Israel wisse nun zuverlässig, dass Gott ihn sowohl **zum Herrn als auch zum Christus** gemacht hat, diesen Jesus, den ihr gekreuzigt habt.

---

[4] Gezählt nach dem Textus Receptus

Die Folge ist, dass man vom Herrn von nun an nicht mehr reden konnte wie zur Zeit Seiner Erniedrigung in Knechtsgestalt. Es gibt zwar Ausnahmen von dieser Regel, aber das überwiegende Zeugnis ist klar: Jesus wird als Herr bekannt, indem Sein Name fast immer mit Seinem Titel verbunden wird. Gerade der Unterschied zu den Evangelien macht dies deutlich.

Folglich ist auch hier bezeugt, das Evangelium *ist* das Königreich. Die Apostel predigen also nichts anderes als der Herr Jesus selbst, und wer etwas anderes predigen würde, der sei verflucht, sagt Paulus:

> **Gal 1,6-9** Ich wundere mich, dass ihr so schnell von dem, **der euch in der Gnade Christi berufen hat**, zu einem anderen Evangelium umwendet, welches kein anderes ist; nur dass etliche sind, die euch verwirren und das Evangelium des Christus verkehren wollen. Aber wenn auch wir oder ein Engel aus dem Himmel euch etwas als Evangelium verkündigte außer dem, was wir euch als Evangelium verkündigt haben: er sei verflucht! Wie wir zuvor gesagt haben, so sage ich auch jetzt wiederum: **Wenn jemand euch etwas als Evangelium verkündigt außer dem, was ihr empfangen habt: er sei verflucht!**

Nun spricht Paulus gerade hier auch von der Gnade Christi, wo doch der Herr selbst nicht von der Gnade redete. Wie das zusammenpasst, soll uns in der Folge beschäftigen.

Der missverstandene Paulus

Paulus kann nicht ohne Vorbehalte empfohlen werden. Der Grund dafür liegt in einer Bemerkung des Petrus, die uns zur Vorsicht mahnt:

> **2.Petr 3,15-17** Und achtet die Langmut unseres Herrn für Errettung, so wie auch unser geliebter Bruder Paulus nach der ihm gegebenen Weisheit euch geschrieben hat, wie auch in allen seinen Briefen, wenn er in denselben von diesen Dingen redet, von denen etliche schwer zu verstehen sind, **welche die Unwissenden und Unbefestigten verdrehen,** wie auch die übrigen Schriften, zu ihrem eigenen Verderben. Ihr nun, Geliebte, da ihr es vorher wisset, so hütet euch, dass ihr nicht, durch den Irrwahn der Ruchlosen mitfortgerissen, aus eurer eigenen Festigkeit fallet.

Paulus kann missverstanden werden, und Petrus sieht sogar die Gefahr, durch diese Missverständnisse aus der eigenen Festigkeit zu fallen. Diese Festigkeit ist ein großes Thema in seinem Brief:

2.Petr 1,10-11 Darum, Brüder, befleißiget euch umso mehr, eure Berufung und Erwählung **fest** zu machen; denn wenn ihr diese Dinge tut, so werdet ihr niemals straucheln. Denn also wird euch reichlich dargereicht werden der Eingang in das ewige Reich unseres Herrn und Heilandes Jesus Christus.

2.Petr 1,12 Deshalb will ich Sorge tragen, euch immer an diese Dinge zu erinnern, wiewohl ihr sie wisset und in der gegenwärtigen Wahrheit **befestigt** seid.

2.Petr 1,19 Und so besitzen wir das prophetische Wort **befestigt**, auf welches zu achten ihr wohl tut, als auf eine Lampe, welche an einem dunklen Orte leuchtet, bis der Tag anbreche und der Morgenstern aufgehe in euren Herzen;

Petrus warnt vor falschen Lehrern, welche eine falsche Freiheit verkünden und in die Gesetzlosigkeit verführen, indem sie den Herrn Jesus nicht als Gebieter anerkennen:

2.Petr 2,1 Es waren aber auch falsche Propheten unter dem Volke, wie auch unter euch falsche Lehrer sein werden, welche verderbliche Sekten nebeneinführen werden und **den Gebieter verleugnen,** der sie erkauft hat, und sich selbst schnelles Verderben zuziehen.

> **2.Petr 2,18-19** Denn stolze, nichtige Reden führend, locken sie mit fleischlichen Lüsten durch Ausschweifungen diejenigen an, welche eben entflohen sind denen, die im Irrtum wandeln; **ihnen Freiheit versprechend,** während sie **selbst Sklaven des Verderbens** sind; denn von wem jemand überwältigt ist, diesem ist er auch als Sklave unterworfen.

Es ist gut vorstellbar, dass auch Petrus hier bereits die gnostischen Irrlehrer im Blick hatte. Jedenfalls scheint mir die Warnung recht deutlich, dass Paulus im Sinne eines solchen gesetzlosen Christentums missverstanden werden konnte. Das müssen wir uns auch beim Lesen seiner Briefe vor Augen halten.

Der Kanon im Kanon

Es gibt im Protestantismus eine unheilvolle Tradition, innerhalb des neutestamentlichen Kanons eine Reihung und Gewichtung vorzunehmen, die Paulus letztendlich größer macht als den Herrn Jesus. Diese Tradition geht auf Martin Luther selbst zurück, der in seiner Vorrede zum Neuen Testament folgendes schreibt:

> Aus diesem allen kannst du nun recht über alle Bücher urteilen und unterscheiden, welches die besten sind. Denn das Evangelium des Johannes und die Briefe des Paulus, insbesondere der an die Römer, und der erste Brief des

> Petrus sind nämlich der rechte Kern und das Mark unter allen Büchern, welche auch billig die ersten sein sollten. Und einem jeglichen Christen wäre zu raten, dass er dieselben am ersten und allermeisten lese und sich durch täglich Lesen so vertraut machte wie das tägliche Brot. ... Das sind die Bücher, die dir Christus zeigen und dich alles lehren, was dir zu wissen not und selig ist, ob du schon kein ander Buch und Lehre nimmer sehest noch hörest.[5]

Mit einem Wort: Matthäus, Markus und Lukas sind Nebensache, vor Jakobus warnt er sogar als vor einer Schrift, die keine „evangelische Art" an sich hätte. Sein Verständnis des Evangeliums ist kurz und knapp in derselben Vorrede zusammengefasst:

> So ist nun das Evangelium nichts Anderes, denn eine Predigt von Christo, Gottes und Davids Sohn, wahrem Gott und Menschen, der für uns mit seinem Sterben und Auferstehen aller Menschen Sünde, Tod und Hölle überwunden hat, die an ihn glauben. ...
>
> Darum siehe nun darauf, dass du nicht aus Christo einen Mosen machest, noch aus dem Evangelio ein Gesetz- oder Lehr-Buch; wie

---

[5] http://www.glaubensstimme.de/doku.php?id=autoren:l:luther:v:luther-vorrede_zum_neuen_testament

bisher geschehen ist, und etliche Vorreden, auch St. Hieronymi, sich hören lassen. **Denn das Evangelium fordert eigentlich nicht unsere Werke, dass wir damit fromm und selig werden; ja es verdammt solche Werke;** sondern es fordert den Glauben an Christum.

Dass Luther zu so einem Verständnis des Evangeliums gelangt, ist nachvollziehbar, wenn man sich vergegenwärtigt, dass er de facto den Römerbrief zum Maßstab erhob, anhand dessen die ganze übrige Schrift ausgelegt werden sollte. Und dabei unterlief ihm, wie wir noch sehen werden, ein schwerwiegender Auslegungsfehler, und er fügte an entscheidender Stelle ein Wort ein (Röm 3,28), das nicht im Urtext steht, aber nötig war, um seinem „Sola Fide" (allein aus Glauben) ein „biblisches" Fundament zu geben.

Warum gerade das Johannes-Evangelium das Wichtigste sein soll, ist naheliegend, denn dies ist das einzige, das Gnade und Glaube in der Weise zu betonen scheint, wie es Luthers Verständnis des Römerbriefs entsprach. Das Königreich kommt im Johannes-Evangelium nur fünf Mal vor, jedoch in wesentlichen Zusammenhängen (Gespräche mit Nikodemus und Pilatus). Allgemein betont das Johannes-Evangelium stärker als andere die Gottheit des Herrn Jesus, sowie die Liebe des Herrn zu den Seinen und damit auch die Ebene der persönlichen Beziehung.

Damit hebt es sich von den anderen dreien ab, und die Frage ist berechtigt, warum. Als das letzte der Evangelien wurde es von Johannes in Kleinasien geschrieben, wahrscheinlich kurz vor 70 n.Chr. um der aufkommenden Lehre der Gnosis zu begegnen. Der dieses Evangelium begleitende erste Johannesbrief und das Evangelium selbst betonen das Fleisch, in welches Christus gekommen ist, die berührbare Leiblichkeit Seiner Auferstehung gemeinsam mit der Göttlichkeit Jesu und Seinem Mitwirken an der materiellen Schöpfung. Anders als die ersten drei Evangelien ist es eine Reaktion auf Irrlehre und wählt deshalb den Erzählstoff und die Betonungen einer Zielgruppe entsprechend aus. Johannes verwendet gezielt Wörter, welche den Gnostikern geläufig sind (erkennen, Logos, Fleisch) um diese Begriffe richtig zu stellen.

Wer das nicht erkennt, kann wie manche Vertreter der historisch-kritische Theologie zur Ansicht gelangen, das Johannes-Evangelium sei eine gnostische Fälschung des zweiten Jahrhunderts. Davon ist man in der Theologie heute Gott sei Dank wieder abgerückt. Allerdings ist es wahr, dass gnostische Sekten gerne das Johannes-Evangelium nahmen und in ihrem Sinne deuteten, ebenso wie sie Aussagen des Paulus in ihrem Sinn verfremdeten (2.Petr 3,16).

Die Idee, den Kanon auf die Paulusbriefe und ein Evangelium (Lukas) zu reduzieren, stammt ursprünglich übrigens nicht von Luther, sondern vom Gnostiker Markion aus dem zweiten Jahrhundert.

Ein gnostisches Glaubensverständnis

Für viele Protestanten ist Glaube eng mit Verstehen und Kennen verbunden, mit Gewissheit, mit Zustimmung zur Botschaft. Dass sich dadurch das Leben ändern sollte, ergänzen sie freilich, jedoch bestehen sie vehement darauf, dass die Art und Weise unseres Lebens keinen Einfluss auf unsere Erlösung hat und Gottes Liebe zu uns keineswegs beeinflusst.

> Gnade heißt, es gibt nichts, was ich tun kann, damit Gott mich mehr liebt, und nichts, was ich tun kann, damit Gott mich weniger liebt. (Philip Yancey)[6]

Nach Yancey ist es zwar nicht falsch, aber belanglos sich zu bemühen um Gott zu gefallen, da unser Bemühen keinen Einfluss auf die Liebe Gottes hat. Gnade schließe Werke völlig aus. Wir müssen nichts mehr tun, um von Gott angenommen zu werden. Dazu zwei Schriftstellen, die diese Irrlehre rasch widerlegen, ehe ich ihren Ursprung zeige:

> **Joh 14,21** Wer meine Gebote hat und sie hält, der ist es, der mich liebt; **wer aber mich liebt, wird von meinem Vater geliebt werden;** und

---

[6] Yancey, Philip a.a.O. S 65

ich werde ihn lieben und mich selbst ihm offenbar machen.

Liebe ist nicht statisch, sondern eine Wechselbeziehung. Unser Gehorsam Christus gegenüber ist unsere Möglichkeit, Ihm Liebe zu erweisen. **Als Reaktion auf unseren Gehorsam werden wir vom Vater und vom Sohn geliebt werden** und Ihn besser kennen lernen. Können wir also die Liebe Gottes durch unser Tun beeinflussen? Absolut.

> **2.Kor 5,9-10 Deshalb beeifern wir uns** auch, ob einheimisch oder ausheimisch, **ihm wohlgefällig zu sein.** Denn wir müssen alle vor dem Richterstuhl des Christus offenbar werden, auf dass ein jeder empfange, was er in dem Leibe getan, nach dem er gehandelt hat, es sei Gutes oder Böses.

Ist es möglich, durch unser Tun und unseren Eifer Gottes Wohlgefallen zu erlangen? Paulus geht wie selbstverständlich davon aus, und das im Angesicht des Gerichts. Er glaubt tatsächlich, dass Sein Bemühen einen Einfluss auf Gottes Anerkennung hat.

Irenäus beschreibt in seinem Buch gegen die Irrlehrer um 180 n.Chr. den Gegensatz zwischen der christlichen Einstellung und der gnostischen Einstellung:

> Seelisch aber werden erzogen die seelischen Menschen, die auf ihre Werke und den schlichten Glauben bauen und keine vollkommene Erkenntnis besitzen. Das sind wir

von der Kirche, denen allerdings zur Seligkeit gute Werke notwendig sind. **Sie aber werden nicht durch die Werke, sondern durch ihre geistige Natur auf jeden Fall selig.** Wie nämlich das Materielle unmöglich selig werden kann, weil es der Seligkeit nicht fähig ist, so kann das Geistige — was sie selber sind — nicht verdammt werden, wie auch immer seine Taten waren. ...

Wir also, die Psychiker, die wir von dieser Welt sind, brauchen die Enthaltsamkeit und gute Werke, damit wir dadurch in den Ort der Mitte gelangen; sie aber, die Geistigen und Vollkommenen, keineswegs. Denn nicht die Werke fuhren ins Pleroma hinein, sondern der Same, der von dort im Anfangsstadium entsendet, hier aber vollendet wird.[7]

Yancey, Luther und die meisten anderen Evangelikalen sind natürlich keine Gnostiker. Die Gnosis bestreitet, dass ein guter Gott die böse Materie erschaffen habe oder dass Jesus tatsächlich einen Körper angenommen habe. In diesen Dingen sind sie sehr wohl orthodox. Ihr Verständnis von Glauben und Werken jedoch deckt sich mit der gnostischen Lehre zu 100%. Das sollte stutzig machen – aber es ist nachvollziehbar, denn sie

---

[7] Irenäus († um 200) - Gegen die Häresien (Contra Haereses) Erstes Buch 6. Kapitel: Die Moral der Gnostiker 2+5

alle bauen mehr oder weniger bewusst auf Augustinus auf, der ein Gnostiker war, ehe er katholisch wurde.

> Eugene Peterson zeigt den Unterschied zwischen Augustinus und Pelagius, zwei Theologen des vierten Jahrhunderts, die einander völlig entgegengesetzt sind. Pelagius war ein Städter, höflich und liebenswürdig, trat überzeugend auf und wurde von allen geschätzt. Augustinus dagegen hatte seine Jugendzeit in unmoralischem Lebenswandel vergeudet, hatte ein merkwürdiges Verhältnis zu seiner Mutter und machte sich viele Feinde. Doch Augustinus setzte auf Gottes Gnade und verstand sie richtig, während Pelagius vom menschlichen Bemühen ausging und ein falsches Verständnis von Gnade hatte. **Augustinus suchte leidenschaftlich nach Gott; Pelagius arbeitete daran, Gott zu gefallen.** Peterson sagt schließlich, dass die Christen dazu neigen, in der Theorie wie Augustinus zu denken, aber in der Praxis eher wie Pelagius zu handeln. Sie arbeiten wie besessen daran, anderen Menschen und Gott zu gefallen.[8]

Die Parallelen zu den Gnostikern sind in diesem Absatz klar zu sehen. Die Gnade entbinde uns von jeder Verpflichtung, Gott gefallen zu müssen; wir werden auf

---

[8] Yancey, Philip a.a.O. S 65

jeden Fall gerettet, weil Gottes Liebe nicht von unserem Tun abhängt. Der Glaube wird dadurch auf ein Wissen reduziert, denn es genügt, sich diese „Erkenntnis" beständig vor Augen zu halten. Zuletzt rechnet man damit, dass aus diesem Glauben heraus automatisch die Frucht und die Werke kommen, die Gott sucht. Und wenn dies nicht der Fall ist, gilt weiterhin:

> Weder Stolz, Pornographie, Ehebruch oder gar Mord hindern Gott daran, uns zu lieben. Gnade bedeutet, dass Gott uns schon jetzt so sehr liebt, wie ein unendlicher Gott eben lieben kann. (Yancey)[9]

> **Es genügt, dass wir** durch den Reichtum der Herrlichkeit Gottes das Lamm **erkennen,** das die Sünden der Welt trägt. Davon kann uns keine Sünde trennen, auch wenn wir tausend und abertausend Male am Tage Unzucht treiben oder morden. (Luther)[10]

Anders gesagt: Jedes Bemühen unsererseits ist unnötig. Folgen die Werke nicht von selbst aus dem Glauben, oder nicht in dem erwarteten Ausmaß, so ändert das nichts an der Gnade, durch die wir gerettet werden. Wir müssen nur an diesem „gnostischen Glauben" festhalten.

---

[9] Yancey, Philip a.a.O. S 64
[10] Luther, Martin in einem Brief an Philipp Melanchthon; zitiert bei Philip Yancey „Gnade ist nicht nur ein Wort", R. Brockhaus Verlag Wuppertral 2006, S 177

Dass man auf dieser Basis Paulus nicht mehr richtig verstehen kann, ist fast eine zwingende Folge. Dass man mit diesem missverstandenen Paulus dann den Herrn Jesus Christus nicht mehr verstehen kann, ergibt sich daraus. Wie man sich auf dieser falschen Grundlage jedoch seines Heils sicher sein kann, ist eine Frage, die dringend gestellt werden muss.

Zwei Evangelien?

Erstaunlich viele evangelikale Christen behelfen sich angesichts dieses für sie erschreckenden Befundes damit, dass sie behaupten, Paulus sei ja das Evangelium für die Heiden anvertraut worden, das „Evangelium der Gnade". Das „Evangelium des Königreichs" sei zwar auch in der Bibel, betreffe aber die Juden. Hans Werner Deppe setzt sich kritisch mit dieser Sicht auseinander und zitiert einige Vertreter dieser Lehre:

> „So schreibt z.B. **William MacDonald:** „Während es nur ein Evangelium gibt, gelten zu verschiedenen Zeiten unterschiedliche Aspekte des Evangeliums. Zum Beispiel werden im Evangelium des Reiches andere Dinge betont als im Evangelium von der Gnade Gottes. **Das Evangelium vom Reich Gottes** sagt: ‚Tut Buße und empfangt den Messias, dann werdet ihr in das Reich Gottes eingehen, wenn es **auf die Erde kommt.'** **Das Evangelium der Gnade**

sagt: ,Tut Buße und empfangt Christus, **dann werdet ihr zu ihm hin entrückt** und allezeit beim Herrn sein.'" (Kommentar zum NT, S. 36).

Schon bei dieser moderaten Sicht von unterschiedlichen Evangeliumsbotschaften stellt sich die einfache Frage: Wo lehrt das die Schrift? Wo lehrt die Schrift die „Betonung verschiedener Aspekte des Evangeliums?" **Und wo lehrt sie eine Trennung zwischen zwei Heilshoffnungen** - „in ein künftiges Reich Gottes auf der Erde eingehen" und „entrückt werden und allezeit beim Herrn sein"? Wir sehen, dass diese Auffassung verbunden ist mit der Lehre, dass es zwei Völker Gottes und zwei Heilspläne Gottes gebe: Dem einen Volk, der Gemeinde, gelte das „Evangelium der Gnade", und dem anderen Volk, der Nation Israel, gelte das „Evangelium des (irdischen) Reiches". Es hängt also ein ganzes Lehrgebäude damit zusammen, der so genannte *Dispensationalismus*. **Wilfried Plock** [Leiter der KfG, einer Arbeitsgemeinschaft konservativer evangelikaler Gemeinden in Deutschland] formuliert die Unterscheidung noch deutlicher:

„Das ‚Evangelium des Reiches' ist etwas ganz anderes als das ‚Evangelium der Gnade' ... Das Evangelium des Reiches bezieht sich auf das messianische Reich, das hier auf der Erde aufgerichtet werden soll." („Die biblische Lehre vom Reich Gottes", S. 28-29) ...

Ernst G. Maier bekennt sich zu der Auffassung, die angebliche künftige Drangsalszeit sei „...eine zur [alttestamentlichen] Heilszeit Israels gehörende Zeit. **Diese Zeit Israels wurde durch die Zeit der Gemeinde unterbrochen,** währt aber bis zur Wiederkunft Jesu und deshalb gehören diese sieben Jahre noch zur Haushaltung oder Heilszeit Israels." („Die biblische Lehre von den Heilszeiten", S. 44)

Die Lehre von zwei verschiedenen Evangelien hängt also zusammen mit der Auffassung, die jetzige „Zeit der Gemeinde" sei nur ein zwischenzeitliches Intermezzo, eine Unterbrechung von Gottes eigentlichem Vorhaben mit der Nation Israel. Während dieser Zeit würde „das Evangelium der Gnade" verkündigt, davor und danach aber „das Evangelium des Reiches"...[11]

Vereinfacht gesagt: Das Evangelium vom Reich Gottes betrifft Israel, weil es eine *irdische* Hoffnung meint. Die Gemeinde ist ein Einschub in das Heilshandeln Gottes mit Israel und wird mit dem „Evangelium der Gnade" zu einer *himmlischen* Hoffnung berufen. Dieses System des „Dispensationalismus", der systematischen Einteilung der Heilsgeschichte in Epochen, die

---

[11] http://www.betanien.de/verlag/material/material.php?id=127

scharf voneinander zu trennen sind, beruft sich u.a. auf den Aufruf des Paulus an Timotheus:

> **2.Tim 2:15** Befleißige dich, dich selbst Gott bewährt darzustellen als einen Arbeiter, der sich nicht zu schämen hat, **der das Wort der Wahrheit recht teilt.**

In ihrem Eifer teilen sie das Wort nicht bloß sinnvoll ein (es gibt ja tatsächlich verschiedene Epochen und Bünde in der Heilgeschichte!), sondern sie zerteilen, zerschneiden und zerstückeln das Wort Gottes, sodass sie die Epochen in einer Weise voneinander trennen, dass der Blick auf die Kontinuität der Gedanken und Pläne Gottes verloren geht.

Paulus selbst machte keinen Unterschied zwischen dem Evangelium von der Gnade Gottes und dem Evangelium von Reich Gottes:

> **Apg 20,20-21** wie ich nichts zurückgehalten habe von dem, was nützlich ist, dass ich es euch nicht verkündigt und euch gelehrt hätte, öffentlich und in den Häusern, indem ich sowohl Juden als Griechen bezeugte die **Buße** zu Gott und den **Glauben** an unseren Herrn Jesus Christus.

> **Apg 20,24-27** Aber ich nehme keine Rücksicht auf mein Leben, als teuer für mich selbst, auf dass ich meinen Lauf vollende und den Dienst, den ich von dem Herrn Jesus empfangen habe,

zu bezeugen das **Evangelium der Gnade Gottes**. Und nun siehe, ich weiß, dass ihr alle, unter welchen ich, **das Reich Gottes predigend,** umhergegangen bin, mein Angesicht nicht mehr sehen werdet. Deshalb bezeuge ich euch an dem heutigen Tage, dass ich rein bin von dem Blute aller; denn ich habe nicht zurückgehalten, euch **den ganzen Ratschluss Gottes** zu verkündigen.

Paulus unterscheidet ganz offensichtlich nicht zwischen dem Evangelium der Gnade Gottes und dem des Königreichs. **Vielmehr ist die Botschaft vom Königreich eine Gnadenbotschaft!** Und noch viel mehr, wie Gottfried Knirsch (FCG Klagenfurt) zusammenfasst:

> In der Apostelgeschichte und in den Briefen der Apostel finden wir verschiedene Attribute zum Wort Evangelium: Es ist eine Botschaft von und über Gott als „Evangelium Gottes" (Röm1,1; Röm15,16; 2Kor11,7; 1Thes 2.2+8+9; 1Petr4,17). Es ist zuerst das „Evangelium von Jesus" (Apg8,35, vgl. 11,20 ; 2Thes1,8) und das „Evangelium des Christus" (Röm15,19; 1Kor9,12; 2Kor2,12, 2Kor9,13,; Gal1,7; 1Thes3,2) – Jesus Christus ist sowohl der Ursprung als auch der Inhalt! Es handelt als „Evangelium von Jesus und der Auferstehung" (Apg17,8) von seinem Erlösungswerk. Als „Evangelium der Gnade Gottes" (Apg20,24), „Evangelium des Guten" (Röm

10,15), „das Evangelium eures Heils" (Eph 1,13) und „Evangelium des Friedens" (Eph 6, 15) vermittelt es Heil und Erlösung als Geschenk von Gott an die Menschen. Schließlich ist es „das ewige Evangelium" (Offb 14,6) und das „Evangelium von der Herrlichkeit des seligen Gottes" (1 Tim 1,11): Die ewige Herrlichkeit Gottes wird darin für Menschen offenbar. (S 11)[12]

All das sind nicht etwa verschiedene Evangelien, sondern Aspekte und Beschreibungen der Botschaft vom Königreich. Leider bleibt Gottfried Knirsch in seiner „Checkliste für die Verkündigung" (S 48) dann doch im evangelikalen „Mainstream". Die Buße und die Herrschaft Christi stehen nicht etwa am Anfang der Liste (wie sie am Anfang der Verkündigung der Evangelien stehen), sondern deutlich abgeschwächt unter „ferner liefen".

Paulus hingegen lag das Königreich am Herzen. Sogar im Römerbrief, einem Brief an eine heidenchristliche Gemeinde, stellt er den Herrn Jesus als Sohn Davids vor:

> **Röm 1:1-4** Paulus, Knecht Jesu Christi, berufener Apostel, abgesondert zum Evangelium Gottes (welches er durch seine

---

[12] http://www.fcg-klagenfurt.at/old/Durckvorlagen/Evangelium.pdf

Propheten in heiligen Schriften zuvor verheißen hat), über seinen Sohn, (der **aus dem Samen Davids** gekommen ist dem Fleische nach, und als Sohn Gottes in Kraft erwiesen dem Geiste der Heiligkeit nach durch Totenauferstehung) Jesum Christum, unseren Herrn.

Wohlgemerkt: **Paulus leitet das Evangelium von den Schriften des Alten Testaments her!** Die oben erwähnten „Dispensationalisten" behaupten hingegen, das Alte Testament hätte uns nichts zu sagen, da für uns nicht das Evangelium vom Königreich gelte. Tatsächlich aber unterwerfen sich die Heidenchristen dem Sohn Davids, dem legitimen König Israels. Darum sind wir auch – als fremde Ölzweige – in den edlen Ölbaum eingepfropft worden (Röm 11,17). Gott hat uns keinen anderen Ölbaum gepflanzt, sondern in den eingepfropft, dessen Wurzel die Verheißung an Abraham ist. Darum sind wir auch tatsächlich Abrahams Kinder und Erben:

> **Gal 3,7-8** Erkennet denn: **die aus Glauben sind, diese sind Abrahams Söhne.** Die Schrift aber, voraussehend, dass Gott die Nationen aus Glauben rechtfertigen würde, verkündigte dem Abraham die gute Botschaft zuvor: "In dir werden gesegnet werden alle Nationen".
>
> **Gal 3,14** auf dass **der Segen Abrahams in Christo Jesu zu den Nationen** käme, auf dass

> wir die Verheißung des Geistes empfingen durch den Glauben.
>
> **Gal 3,29** Wenn ihr aber Christi seid, so seid ihr denn Abrahams Same und **nach Verheißung Erben.**

Wir sind also in die Stellung Israels getreten. Die Israeliten, die den Herrn Jesus verworfen haben, wurden selbst verworfen und beiseitegelegt. Wir hingegen wurden durch den Glauben an den Messias und Sohn Davids zu Kindern Abrahams und Erben aller Verheißungen. Es ist diese Erkenntnis, die Paulus in die Anbetung führte:

> **Röm 11,33-36** O Tiefe des Reichtums, sowohl der Weisheit als auch der Erkenntnis Gottes! Wie unausforschlich sind seine Gerichte und unausspürbar seine Wege! Denn wer hat des Herrn Sinn erkannt, oder wer ist sein Mitberater gewesen? Oder wer hat ihm zuvor gegeben, und es wird ihm vergolten werden? Denn von ihm und durch ihn und für ihn sind alle Dinge; ihm sei die Herrlichkeit in Ewigkeit! Amen.

Gnade und Werke bei Paulus

Paulus wird noch in anderer Weise grob missverstanden, nämlich in seinem Gebrauch der Begriffe

„Gnade" und „Werke". Den Grund für dieses Missverständnis legte bereits Anselm von Canterbury um 1100, der den Kreuzestod Christi im Licht des mittelalterlichen Ehr- und Rechtsempfindens neu deutete. Dieses „Satisfaktionsmodell" habe ich ausführlich in einem anderen Buch behandelt.[13] Seither wird im westlichen Bereich des Christentums **„Gnade" vorwiegend juristisch gedeutet.** Darum war auch Martin Luthers Suche nach dem „gnädigen Gott" in letzter Konsequenz **der Schrei nach einem Freispruch.** Auf diesem Hintergrund ist verständlich, warum solch eine Gnade (die souverän richterlich ausgesprochen wird) nicht auf Vorleistungen des Schuldigen beruhen kann.

So verstand Luther denn auch das „Es ist vollbracht" (wörtlich: es ist völlig bezahlt) nicht auf die Bezahlung des Lösegelds, welches uns aus der Macht der Finsternis freikauft, sondern auf die Bezahlung der Schuld, welche wir Gott schuldig waren. Eine völlig bezahlte Schuld (die ja logischerweise alle Sünden der Vergangenheit, Gegenwart und Zukunft betrifft) könne nicht mehr „unbezahlt" gemacht werden. **In der Folge dieses (ich betone) groben Missverständnisses, wurde die Predigt des Evangeliums de facto auf die Sündenvergebung reduziert.** Im Grunde genügte es, dass der Herr Jesus für uns am Kreuz gestorben sei. So

---

[13] „Nur die Hälfte wurde mir gesagt", Alexander Basnar, Books on Demand, Norderstedt 2015

fasst der bekannte Prediger Charles Haddon Spurgeon das Evangelium folgendermaßen in einen Satz:

> Das ist das Evangelium: Vertraue Jesus Christus, der für die Schuldigen starb, und du wirst gerettet werden. [14]

Wenn aber Gnade keine Vorleistungen unsererseits erfordert, **warum forderte Paulus Werke der Buße?** Ja, das tat er tatsächlich. Das schreibt er zwar nicht im von Luther so gepriesenen Römerbrief, sondern sagte er in der Apostelgeschichte:

> **Apg 26,19-20** Daher, König Agrippa, war ich nicht ungehorsam dem himmlischen Gesicht, sondern verkündigte denen in Damaskus zuerst und Jerusalem und in der ganzen Landschaft von Judäa und den Nationen, Buße zu tun und sich zu Gott zu bekehren, indem sie **der Buße würdige Werke** vollbrächten.

Er unterscheidet sich hier nicht von Johannes dem Täufer, der bevor er die Menschen taufte, erst einen Beweis ihrer Umkehr sehen wollte:

> **Mat 3,8-9** Bringet nun **der Buße würdige Frucht;** und denket nicht bei euch selbst zu sagen: Wir haben Abraham zum Vater; denn ich sage euch, dass Gott dem Abraham aus diesen Steinen Kinder zu erwecken vermag.

---

[14] https://www.evangeliums.net/zitate/charles_haddon_spurgeon_seite_3.html

Gnade in der Bibel ist etwas, das gesucht und gefunden werden kann. Noah beispielsweise fand Gnade vor Gott. Er fand sie nicht, weil er ein verlorener Sünder war, im Gegenteil:

> **1.Mose 6,8-9 Noah aber fand Gnade** in den Augen Jahwes. Dies ist die Geschichte Noahs: Noah war **ein gerechter, vollkommener Mann** unter seinen Zeitgenossen; Noah wandelte mit Gott.
>
> **1.Mose 7,1** Und Jahwe sprach zu Noah: Gehe in die Arche, du und dein ganzes Haus; **denn dich habe ich gerecht vor mir erfunden** in diesem Geschlecht.

Gnade (gr. charis) kommt von der Wortwurzel für Freude und Wohlgefallen. Gnade ist in der Bibel überhaupt kein juristischer Begriff, sondern ein Ausdruck des Wohlgefallens und der freien Gunst. **Freut sich Gott über Menschen, die sich bemühen, ein gottgefälliges Leben zu führen? Ja, natürlich – und Er schenkt ihnen gerade deshalb Gnade!** Ebenso freut es Gott, wenn Menschen sich von ihrer Sünde abwenden, um mit Ihm versöhnt zu werden. Auch da schenkt Er Gnade.

Paulus lehrt keineswegs, dass unser Heil nichts mit unseren Werken zu tun hätte:

> **Röm 2,6-13** welcher einem jeden vergelten wird nach seinen Werken: denen, **die mit Ausharren in gutem Werke Herrlichkeit und**

Ehre und Unverweslichkeit suchen, ewiges Leben; denen aber, die streitsüchtig und der Wahrheit ungehorsam sind, der Ungerechtigkeit aber gehorsam, Zorn und Grimm. Drangsal und Angst über jede Seele eines Menschen, der das Böse vollbringt, sowohl des Juden zuerst als auch des Griechen; Herrlichkeit aber und Ehre und Frieden jedem, der das Gute wirkt, sowohl dem Juden zuerst als auch dem Griechen; denn es ist kein Ansehen der Person bei Gott. Denn so viele ohne Gesetz gesündigt haben, werden auch ohne Gesetz verloren gehen; und so viele unter Gesetz gesündigt haben, werden durch Gesetz gerichtet werden, **(denn nicht die Hörer des Gesetzes sind gerecht vor Gott, sondern die Täter des Gesetzes werden gerechtfertigt werden).**

Überrascht? Gut, vielleicht mag jemand einwenden, dass dies ja nur die Predigt des Gesetzes sei, die uns die Unmöglichkeit vor Augen führen sollte, vollkommen zu leben. Das soll uns auf die Knie zwingen, damit wir erkennen, wie nötig wir die Gnade haben. Aber Paulus schreibt hier nicht, dass wir vollkommen sein müssen! Sondern: **Wir sollen mit Ausharren durch gute Werke das ewige Leben *suchen*.** Solchen gibt Gott Gnade, wie auch bei Noah, bei Hiob, bei Daniel und vielen anderen Menschen Gottes lange vor Pfingsten. Paulus sagt hier dasselbe wie auch Jakobus

(Jak 1,22), was deutlich macht, dass es keinen Widerspruch zwischen den beiden gibt, wie Luther meinte.

Um nun gar keinen Zweifel aufkommen zu lassen, dass dies alles tatsächlich das Evangelium ist, schreibt er weiter:

> **Röm 2:14-16** Denn wenn Nationen, die kein Gesetz haben, von Natur die Dinge des Gesetzes ausüben, so sind diese, die kein Gesetz haben, sich selbst ein Gesetz, welche **das Werk des Gesetzes geschrieben zeigen in ihren Herzen,** indem ihr Gewissen mitzeugt und ihre Gedanken sich untereinander anklagen oder auch entschuldigen) an dem Tage, da Gott das Verborgene der Menschen richten wird, **nach meinem Evangelium,** durch Jesum Christum.

Das ist die Auswirkung des Evangeliums! Paulus schreibt hier nicht etwa von unbekehrten Heiden, die nie etwas von Christus gehört haben, sondern von Menschen des Neuen Bundes, denen Gott das Gesetz in die Herzen geschrieben hat, damit sie es tun:

> **Jer 31,33** Sondern dies ist der Bund, den ich mit dem Hause Israel machen werde nach jenen Tagen, spricht Jahwe: **Ich werde mein Gesetz in ihr Inneres legen** und werde es auf ihr Herz schreiben; und ich werde ihr Gott, und sie werden mein Volk sein.

> **Hes 11,19-20** Und ich werde ihnen ein Herz geben, und werde einen neuen Geist in euer Inneres geben; und ich werde das steinerne Herz aus ihrem Fleische wegnehmen und ihnen ein fleischernes Herz geben: **auf dass sie in meinen Satzungen wandeln** und meine Rechte bewahren und sie tun; und sie werden mein Volk, und ich werde ihr Gott sein.

Paulus hält den Juden, welche sich des Gesetzes rühmen, die gläubigen Heiden vor Augen, denen Gott das Gesetz in die Herzen geschrieben hat, so dass sie es tun. Ein neuer Gedanke? Petrus warnte uns, dass Paulus schwer zu verstehen sei und von jenen verdreht werde, die uns in die Gesetzlosigkeit führen. Warum wird Paulus schwer verstanden? Weil bereits Martin Luther ausgehend von einem **falschen** Gnadenverständnis **falsche** Fragen an Paulus stellte. Das Ergebnis sind **falsche** Antworten, wobei die Antworten, die Paulus gegeben hätte, hätte er persönlich antworten können, ja auch in seinen Texten stehen. Aber sie werden nicht gelesen, wenn man nur Belegstellen für die eigene Theologie sucht.

Was meint Paulus nun aber mit den Werken, die wir nicht zu tun brauchen?

> **Röm 3,28** Denn wir urteilen, dass ein Mensch durch Glauben gerechtfertigt wird, ohne **Gesetzes**werke.

Es geht um die Werke des Gesetzes. Moment! Haben wir nicht gerade gelesen, dass wir das Gesetz in die Herzen geschrieben bekommen haben, um es zu tun? Worum geht es also wirklich? Lesen wir weiter! Die größten Missverständnisse entstehen, wenn man nicht zu Ende liest:

> **Röm 3,29-30** Oder ist Gott der Gott der Juden allein? Nicht auch der Nationen? Ja, auch der Nationen, dieweil es ein einiger Gott ist, der **die Beschneidung** aus Glauben und die Vorhaut durch den Glauben rechtfertigen wird.

Es geht um die in Apostelgeschichte 15 entschiedene, aber immer noch köchelnde Frage, ob Heidenchristen beschnitten werden müssen. Um dieses Gesetzeswerk geht es in erster Linie, aber auch darum, dass das Gesetz durch Christus eine tiefer und weiterreichende Auslegung bekommen hat (vgl. Bergpredigt), sodass es nicht mehr um den Buchstaben geht, sondern um den Geist dahinter. Schon im Alten Bund wird klar gesagt, dass es Gott nicht um die Beschneidung der Vorhaut sondern des Herzens geht:

> **5.Mose 30,6** Und **Jahwe, dein Gott, wird dein Herz und das Herz deiner Kinder beschneiden,** damit du Jahwe, deinen Gott, liebest mit deinem ganzen Herzen und mit deiner ganzen Seele, auf dass du am Leben bleibest.

Darum kann Paulus den Schluss ziehen:

Röm 2,28-29 Denn nicht der ist ein Jude, der es äußerlich ist, noch ist die äußerliche Beschneidung im Fleische Beschneidung; sondern der ist ein Jude, der es innerlich ist, und **Beschneidung ist die des Herzens, im Geiste,** nicht im Buchstaben; dessen Lob nicht von Menschen, sondern von Gott ist.

Kol 2,10-13 Und ihr seid vollendet in ihm, welcher das Haupt jedes Fürstentums und jeder Gewalt ist; in welchem ihr auch **beschnitten** worden seid mit einer **nicht mit Händen** geschehenen Beschneidung, in dem Ausziehen des Leibes des Fleisches, in der **Beschneidung des Christus,** mit ihm begraben **in der Taufe,** in welcher ihr auch mitauferweckt worden seid durch den Glauben an die wirksame Kraft Gottes, der ihn aus den Toten auferweckt hat. Und euch, als ihr tot waret in den Vergehungen und in der Vorhaut eures Fleisches, hat er mitlebendig gemacht mit ihm, indem er uns alle Vergehungen vergeben hat.

Phil 3,3 Denn wir sind die **Beschneidung,** die wir **durch den Geist Gottes** dienen und uns Christi Jesu rühmen und nicht auf Fleisch vertrauen;

In allen Briefen geht es Paulus um dieses brennende Thema. Hier ist auch die Betonung der Gnade zu sehen: Gott gefiel es, aus den Nationen ein Volk für sich zu sammeln! Aber dieses Volk ist eben nicht gesetzlos, sondern aus der Gesetzlosigkeit heraus gerettet:

> **Tit 2,11-15** Denn **die Gnade Gottes** ist erschienen, heilbringend für alle Menschen, und **unterweist uns,** auf dass wir, **die Gottlosigkeit und die weltlichen Lüste verleugnend,** besonnen und gerecht und gottselig leben in dem jetzigen Zeitlauf, indem wir erwarten die glückselige Hoffnung und Erscheinung der Herrlichkeit unseres großen Gottes und Heilandes Jesus Christus, der sich selbst für uns gegeben hat. auf dass er uns **loskaufte von aller Gesetzlosigkeit** und reinigte sich selbst ein Eigentumsvolk, eifrig in guten Werken. Dieses rede und ermahne und überführe mit aller Machtvollkommenheit. Lass dich niemand verachten.

Die Gnade kann gar nicht im Widerspruch zu Werken stehen, wenn sie uns geradezu unterweisen will, gute Werke zu tun. Die Gnade Gottes macht aus gesetzlosen Menschen Gott gehorsame Diener, welche sich eifrig um gute Werke bemühen.

Wir werden nach unseren Werken gerichtet werden

Es gibt keinen Autor des Neuen Testaments, der dieser Überschrift widerspricht, auch Paulus tut dies nicht. Mit diesem Kapitel will ich nun auch zum Ende kommen. Paulus stellt fest:

> **2.Kor 5,9-10** Deshalb beeifern wir uns auch, ob einheimisch oder ausheimisch, ihm wohlgefällig zu sein. **Denn wir müssen alle vor dem Richterstuhl des Christus offenbar werden,** auf dass ein jeder empfange, was er in dem Leibe getan, nach dem er gehandelt hat, es sei Gutes oder Böses.

Gnade will mit Ernst gesucht werden. Wer Gnade als Ruhekissen missversteht, wird keine Gnade von Gott empfangen. So ernst ist das, dass Paulus hier nicht etwa von mehr oder weniger Lohn spricht, sondern vom Schrecken des Herrn:

> **2.Kor 5,11** Da wir nun **den Schrecken des Herrn** kennen, so überreden wir die Menschen, Gott aber sind wir offenbar geworden; ich hoffe aber, auch in euren Gewissen offenbar geworden zu sein.

Ist Paulus – der wahre, biblische Paulus – auch in unseren Gewissen offenbar geworden? Er kennt keine billige Gnade und auch keine bedingungslose Heilsgewissheit. Auch bei ihm ist die Zusage der Gnade und Liebe Gottes nicht vom Gehorsam Ihm gegenüber zu trennen. Auch er predigt das Königreich und den König, dem sich jedes Knie beugen muss, und dem die Untertanen Gehorsam schulden:

> **Phil 2,9-15** Darum hat Gott ihn auch hoch erhoben und ihm einen Namen gegeben, der über jeden Namen ist, auf **dass in dem Namen Jesu jedes Knie sich beuge,** der Himmlischen und Irdischen und Unterirdischen, und jede Zunge bekenne, dass Jesus Christus Herr ist, zur Verherrlichung Gottes, des Vaters. Daher, meine Geliebten, gleichwie ihr allezeit **gehorsam** gewesen seid, nicht allein als in meiner Gegenwart, sondern jetzt vielmehr in meiner Abwesenheit, bewirket eure eigene Seligkeit **mit Furcht und Zittern;** denn Gott ist es, der in euch wirkt sowohl das Wollen als auch das Wirken, nach seinem Wohlgefallen. **Tut alles** ohne Murren und zweifelnde Überlegungen, auf dass ihr tadellos und lauter seid, unbescholtene Kinder Gottes, inmitten eines verdrehten und verkehrten Geschlechts, unter welchem ihr scheinet wie Lichter in der Welt.

Unser Herr Jesus macht es sehr deutlich am Ende Seiner Bergpredigt:

Mat 7,13-23 Gehet ein durch die enge Pforte; denn weit ist die Pforte und breit der Weg, der zum Verderben führt, und viele sind, die durch dieselbe eingehen. **Denn eng ist die Pforte und schmal der Weg, der zum Leben führt, und wenige sind, die ihn finden.** Hütet euch aber vor den falschen Propheten, die in Schafskleidern zu euch kommen, inwendig aber sind sie reißende Wölfe. An ihren Früchten werdet ihr sie erkennen. Liest man etwa von Dornen eine Traube, oder von Disteln Feigen? Also bringt jeder gute Baum gute Früchte, aber der faule Baum bringt schlechte Früchte. **Ein guter Baum kann nicht schlechte Früchte bringen,** noch ein fauler Baum gute Früchte bringen. Jeder Baum, der nicht gute Frucht bringt, wird abgehauen und ins Feuer geworfen. Deshalb, an ihren Früchten werdet ihr sie erkennen. **Nicht jeder, der zu mir sagt: Herr, Herr! wird in das Reich der Himmel eingehen, sondern wer den Willen meines Vaters tut,** der in den Himmeln ist. Viele werden an jenem Tage zu mir sagen: Herr, Herr! Haben wir nicht durch deinen Namen geweissagt, und durch deinen Namen Dämonen ausgetrieben, und durch deinen Namen viele Wunderwerke getan? Und dann werde ich ihnen bekennen: **Ich habe euch niemals gekannt; weichet von mir, ihr Übeltäter!** [wörtl. Täter der Gesetzlosigkeit]

Wer die Liebe Gottes und die Gnade Gottes wirklich ernsthaft sucht, muss tun, was der Herr sagte. Die Liebe Gottes, sagt der Herr Jesus, ist davon direkt abhängig:

> **Joh 14,15** Wenn ihr mich liebet, **so haltet meine Gebote.**
>
> **Joh 14,21** Wer meine Gebote hat und sie hält, der ist es, der mich liebt; **wer aber mich liebt, wird von meinem Vater geliebt werden;** und ich werde ihn lieben und mich selbst ihm offenbar machen.

Mein Herz blutet angesichts der vielen, die sich durch ein falsches Evangelium in falscher Heilssicherheit wiegen. Wenn Dir das durch diese Zeilen auch bewusst wurde, lass Dich bestürmen, ernst zu machen mit der Umkehr! Vollende Deine Bekehrung, indem Du den Herrn Jesus Christus nicht nur als Deinen Sündenvergeber annimmst, sondern Dich Ihm als Deinem König unterwirst – **zu bedingungsloser Gefolgschaftstreue.** Das erst ist der rettende, biblische Glaube des Evangeliums.

Weitere von uns herausgegebene Bücher werden auf der Webseite https://fdgcbuecher.wordpress.com/ vorgestellt:

Auf unserem Blog https://nachfolgerchristi.word press.com/ erscheinen regelmäßig Artikel und Beiträge zur Nachfolge Christi:

Unsere Gemeinde ist eine christliche Gemeinschaft, die in der Tradition der taufgesinnten Gemeinden des 16. Jahrhunderts steht (Hutterer, Mennoniten, Amische).

Friede sei mit Euch!